DSCHINPA LOSANG

BUDDHISMUS
MEDITATION YOGA TANTRA

DAS GOLDENE FUNDAMENT
* GESAMTAUSGABE *

Bibliografische Information der Deutschen Nationalbibliothek: Die Deutsche Nationalbibliothek verzeichnet diese Publikation in der Deutschen Nationalbibliografie. Detaillierte bibliografische Daten im Internet über http://d-nb.de abrufbar. Nachdruck oder Vervielfältigung nur mit Genehmigung des Verlages gestattet. Verwendung oder Verbreitung durch unautorisierte Dritte in allen gedruckten, audiovisuellen und akustischen Medien ist untersagt. Die Textrechte verbleiben beim Autor, dessen Einverständnis zur Veröffentlichung hier vorliegt. Für Satz- und Druckfehler keine Haftung.

Impressum

Dschinpa Losang, »Buddhismus Meditation Yoga Tantra«
Alle Rechte vorbehalten
Herstellung und Verlag: BoD - Books on Demand, Norderstedt
Satz: Dschinpa Losang
Texte: Dschinpa Losang
Lektorat: Annette Scholoneck
Coverfoto: © Ernst Cerjak – Fotolia.com
ISBN 978-3741298363

DSCHINPA LOSANG

BUDDHISMUS
MEDITATION YOGA TANTRA

DAS GOLDENE FUNDAMENT
* GESAMTAUSGABE *

Autor

Dschinpa Losang praktiziert seit vielen Jahren tibetischen Buddhismus und ist mit den hiesigen als auch asiatischen Gegebenheiten bestens vertraut. Der Schwerpunkt seiner eigenen Übungen liegt in der Anwendung des Dharmas im alltäglichen Leben und seiner Vertiefung durch die Meditation.

Buch

Dieser kompakte Ratgeber ist besonders für allgemein am Buddhismus und der Meditation interessierte Menschen geeignet. Die illustrierte Gesamtausgabe umfasst gleich beide Teile der beliebten Reihe. Die neue Auflage wurde durch weitere Hinweise sowie konkrete Anleitungen zur Meditation erweitert und vermittelt sinnvolle Kenntnisse. Ein praktisches Minilexikon verschafft zudem Grundwissen. In einem Blitzkurs erhält so der Interessierte ein goldenes Fundament zum Glücklichsein.

Inhaltsverzeichnis

Vorwort

Autoren

Grundbegriffe

Häufig anzutreffende Fehler

Das goldene Fundament

Das Leben und die Lehre Buddhas

Die Zuflucht

Das Ziel und der Pfad

Die Meditation

Die Lehre von der Selbstlosigkeit

Die zwei Methoden zur Erzeugung von Bodhicitta

Die zwei Flügel: Weisheit und Methode

Der Weg

Der Lehrer

Kontrollfragen

Buchempfehlungen

Widmung

Mögen alle Lebewesen glücklich und voller Liebe sein.

Mögen alle frei von Leiden sein.

Möge niemand je vom Glück getrennt sein.

Mögen alle Gleichmut besitzen,

frei von Hass und Anhaftung.

Vorwort

Seit seinem Erscheinen stieß dieses Buch auf sehr großes Interesse. Anlässlich dieser neuen Ausgabe wurde es nochmals sorgfältig überarbeitet. Der Ratgeber enthält nun noch mehr Erläuterungen und weitere praxisorientierte Anleitungen zur Meditation. Dieser Sammelband umfasst alle Kapitel und Begriffe aus den Einzelteilen.

Die heutige Welt verändert sich rasant, doch viele Menschen hinterfragen diesen Prozess. In einer Zeit, in der es fast nur noch um Geld, Mode und Konsum geht, vermissen sie den tieferen Sinn ihres Lebens. Oft sind sie ratlos. Einige wissen nicht einmal, was sie genau wollen, und flüchten sich geradezu in Freizeitaktivitäten oder die Arbeit. Manche glauben sogar, dass diese Art von gewöhnlichen Unternehmungen sogar die Essenz unseres westlichen Lebens wäre.

Solche Empfindungen fühlen sich wie ein Sehnen des Unterbewusstseins an. Man kann es selbst schwer deuten. Das Innere vermisst jedoch Spiritualität und eine Antwort auf die Frage nach dem wirklichen Sinn des eigenen Lebens. Der Zeitgeist, die heutige Lebenswelt, Traditionen, Familie, eigene Vorstellungen und das, was die meisten gemeinhin für wertvoll erachten, stehen dabei oft als Stolpersteine einer wirklichen Entwicklung im Wege.

Sind vielleicht Arbeit und Erfolg, Spaß und Vergnügen, das Streben nach Dauerjugend oder Ruhm viel tatsächlich ein Weg, der zum Glücklichsein führt?

Sicher nicht!

Aus der buddhistischen Perspektive stellen gerade derartige Lebensziele und Bestrebungen die Schlingen Maras

(Symbolfigur der Verblendung) dar, da sie die Ich-Bezogenheit des Einzelnen nur noch verstärken.

Es ist also Zeit, darüber nachzudenken. Unerwartet und schnell kann das eigene Leben enden. Das ist eine häufig verdrängte Tatsache.

Meist werden die wenigen Lebensjahre mit belanglosen Dingen verschwendet. Spiel, Spaß, Essen, Trinken, Sorge um die Familie, Sex, Fortpflanzung, Nahrungssuche und -erwerb unterscheiden uns nicht von den Tieren, sondern stellen uns mit diesen auf eine Stufe. Nur wenn wir dieser Zeit einen nachhaltigen Sinn verleihen, leben wir wirklich eine menschliche Existenz.

Besonders gebildeten Menschen erscheint der Buddhismus oft als ein prüfenswerter Ersatz zur bisherigen oder aufgegebenen Religion sowie zum Materialismus. Viele werden so zu Sympathisanten der Lehre oder beginnen sie auf ihre Art in ihr Leben zu integrieren.

Einsteiger erhoffen sich häufig eine Verbesserung der eigenen Lebenssituation. Sie wollen einfach glücklich sein.

Der Mehrheit wird jedoch nicht bewusst, dass ihre aufgenommene Praxis eigentlich gar nicht buddhistisch ist. Treten dann die erwünschten Ergebnisse nicht ein, geben sie zuweilen sogar dem Dharma (siehe Begriffslexikon) die Schuld. Latenter Egoismus, unsere Selbstverliebtheit und der damit zusammenhängende Stolz stehen dem Glücklichsein zuvorderst im Weg. Zwar kann man ein äußerlich schönes Haus errichten, aber ohne ein korrektes Fundament wird es keinen Bestand haben und früher oder später einstürzen.

Dieses Buch will den Interessierten helfen, sich in dem Dschungel von Schriften und Angeboten eine Grundorientierung zu verschaffen, sodass sie den Kern des Buddhismus kennen lernen und ihre Praxis auf eine korrekte Basis stellen. Nur so lässt sich das gewünschte Glück erreichen.

Der kompakte Ratgeber ist auf die heutige westliche Situation zugeschnitten. Die Komplexität und die ungewohnten Begriffe des Buddhismus sowie die Vielfalt der Traditionslinien, die Menge verschiedenster Praktiken, die halbbuddhistischen Lehrer und die Anpasser der Lehre an den

Zeitgeist verwirren den Einsteiger schnell. Oft wird fälschlich versprochen, dass nur diese eine Praxis den Erfolg bringt und dass nur dieser eine charismatische Lehrer es genau weiß. Der sendet dann auch seine Jünger in Scharen aus, um gutgläubige Schafe in seine Herde zu integrieren.

Es wäre traurig, wenn die Menschen durch ein falsch gesetztes Fundament nie wirkliche Ergebnisse erfahren.

Dieser ehrliche Ratgeber öffnet jedem Leser die Augen für spirituelle Scharlatanerie. Es wird nichts Neues erfunden oder eine weitere Mischmasch-lehre verbreitet, sondern das ins richtige Licht gerückt, was für die spirituelle Praxis wesentlich und nutzvoll ist. Die Ausführungen basieren klar auf der buddhistischen Lehre. Sie enthalten viele Hinweise großer und geübter buddhistischer Meister zu Yoga und Tantra.

Alles wird dabei leicht verständlich und nachprüfbar erklärt. Mit ein bisschen gutem Willen und Aufmerksamkeit sind diese Hinweise leicht zu erfassen und umzusetzen.

Authentische buddhistische Werke unterstellen oft erhebliches Vorwissen und folgen historisch gewachsenen Traditionen bei der Abfolge der Themen. Sie wurden in einer Zeit und in einem Umfeld geschrieben, wo Werk, Leben und die Lehre Buddhas eine andere Präsenz hatten. Der traditionelle Aufbau erschwert dem heutigen Leser den Zugang. Auch die Übersetzungen wurden zumeist von Menschen verfasst, die mit dem grundlegenden Kanon des Buddhismus vertraut waren.

Durch fehlendes Grundwissen interpretiert so mancher Einsteiger dann Falsches in die korrekten Ausführungen hinein. Er glaubt etwas zu verstehen, was eigentlich ganz anders ist.

Verstärkt wird dies noch durch die „Geheimsprache" im buddhistischen Tantra. Die dortigen Hinweise und Anleitungen sind teilweise so verfasst, dass nur Personen einer bestimmten Erkenntnisstufe die Bedeutungen exakt erfassen können. Dies sollte ursprünglich vor Fehlern in der Praxis beschützen.

Das goldene Fundament ist also ein kleiner, äußerst kompakter Ratgeber für das Glücklichsein und somit auch für eine korrekte Praxis des Buddhismus. Zentrale Begriffe, die für ein Verständnis unumgänglich sind, werden in einem Minilexikon mit einfacher Sprache erklärt. So wird der Leser nicht durch die enorme Wissenschaftlichkeit des Buddhismus irritiert. Er kann sich schnell eine Grundorientierung verschaffen oder diese wieder herstellen.

Inzwischen gibt es zwar viele belesene Praktizierende, aber trotzdem sehr wenig Buddhisten im eigentlichen Sinn. Die Lehre ist zwar logisch, einfach und auch leicht zu praktizieren, aber gerade das macht es erstaunlicherweise vielen Menschen schwer, in dem Trümmerhaufen heutiger Konzepte die entscheidenden Grundlagen zu erkennen.

Nach dem Lesen dieses Ratgebers stellen sich viele sogar die Frage: Kann es so simpel sein, das eigene Glück zu finden?

Damit die Ausführungen nicht nur auf einem Blickwinkel beruhen, sind auch die spirituelle Erfahrungen der Koautorin eingeflossen.

Autoren

Dschinpa Losang

Meine Familie hat mütterlicherseits eine christliche und väterlicherseits eine materialistische Denktradition. Das sind die zwei im Westen am meisten verbreiteten Richtungen. Eine spirituelle Neigung führte dazu, dass ich mich sehr früh mit philosophischen sowie religiösen Positionen beschäftigte, diese hinterfragte und auf ihren Nutzen hin untersuchte. Zu Beginn meines vierten Lebensjahrzehnts hatte ich ein Aha-Erlebnis. Es handelte sich um ein erstes tieferes Verständnis (buddhistisch: eine anfängliche Realisation) des Nutzens und der Bedeutsamkeit der Lehre Buddhas.

Die Zeit zeigte, dass dieses kein Strohfeuer war, sondern eine große Wirkung entfaltete. Fortan beschäftigte ich mich kontinuierlich mit der Lehre und drang immer tiefer in diese ein. Meine Bemühungen setze ich bis heute fort. Das war richtig und erfüllt mich mit wirklicher Freude.

Die anfängliche Glut wurde durch weitere Studien, Praxisübungen, Meditationen und den daraus resultierenden Erkenntnissen kontinuierlich geschürt. Gelehrte sagen, Buddhist durch Glauben zu sein ist gut, aber viel besser ist es, dies aus Wissen sowie Erkenntnissen heraus zu sein. Bloßer Glaube kann sehr schnell erschüttert werden, da er nun einmal keine andere Basis als veränderliche Gefühle hat. Das ist es auch, was jeden Menschen mit gesundem Verstand an Fanatikern, gleich welchen Glaubens, stört. Diese verabsolutieren das gefühlsmäßig **Geglaubte** als einzig korrekte Erkenntnis, die sie dann durch ein übersteigertes Selbstwertgefühl anderen als angeblich unbezweifelbares

Wissen aufzwingen wollen. Solche selbsternannten Propheten gab und gibt es leider in jeder Religion.

Infolge meiner Bemühungen nahm ich dann die buddhistische Zuflucht, legte Laien- und andere höhere Gelübde ab. Seitdem bezeichne ich mich als einen Buddhisten. Während dieses Zufluchtsrituals gab der Lehrer mir den Namen Dschinpa Losang.

Als Buddhist ist man zeit seines Lebens ein Schüler in Bezug auf den Dharma. Ich hatte das Glück, auf Lehrer zu stoßen, die mir die Augen, den Verstand und das Herz öffneten. Natürlich sind sie für mich die bedeutsamsten Personen.

Die Belehrungen und Einweihungen in verschiedene Yogapraktiken und buddhistische Gottheiten erhielt ich durch Lamas der tibetischen Gelugpa-, Kagyü- und Sakya-Tradition. Aus der letzteren stammt auch mein Hauptlehrer. Er vermag den Dharma korrekt zu lehren und wird von den größten buddhistischen Gelehrten der Welt als ein einzigartiges Juwel des Wissens geschätzt. Doch nicht dieser Ruhm macht ihn zu einem korrekten Lehrer. Man erkennt einen großen Lehrer daran, dass er sich nicht auf seinen Namen, seinen Status oder sein Ansehen beruft, sondern daran, dass er eine Überprüfung seiner eigenen Aussagen anhand der authentischen Schriften fordert. Das meiste erlernte ich also von ihm.

Manchmal zweifle ich noch immer daran, dass er mich als einen seiner Schüler betrachtet, er hat es mir aber einmal versichert. Was sollte er als guter Mensch auch darauf antworten? Trotzdem stütze ich mich nun seit Jahren auf diese Worte. Ich habe nie gewagt, ein zweites Mal zu fragen. Mehr Lob kann ich ohnehin nicht erhalten.

Durch seine guten Ratschläge, eigene Überlegungen sowie dem Verständnis, dass das tägliche Leben das Hauptfeld der eigenen Bemühungen sein sollte, hob ich die Abgrenzung zwischen buddhistischer Praxis, Familie und Arbeit auf. Die Hinweise des Lehrers und der Lehre versuchte ich so gut wie möglich umzusetzen und als persönliche Anweisungen zu begreifen. Im Rückblick ist es erstaunlich, wie sich mein gesamtes Leben seitdem in allen Bereichen positiv verändert hat. Heute bin ich ein sehr zufriedener und glücklicher Mensch.

Lhamo Losang (Koautorin)

Mein buddhistischer Name ist Lhamo Losang. Dieser verdeutlicht, dass ich Zuflucht in der Linie Tsongkhapas, dem Begründer der Gelugpa-Tradition, genommen habe (siehe Begriffslexikon).

Bis zu meinem 24. Lebensjahr lebte ich in der Hauptstadt von Weißrussland. Der dort verbreitete russisch-orthodoxe Glaube blieb für mich ein reines Lippenbekenntnis. Lange Zeit sah ich vor allem Spaß und Unterhaltung als den Sinn meines Lebens an. Diese Einstellung ist sowohl in meiner früheren Heimat als auch hier im Westen weit verbreitet.

Auf den ersten Blick schien es, als gehörte ich aus buddhistischer Sicht zu den Menschen „ohne Anstand und Schamgefühl", die, „auch wenn sie die Makel von Samsara sehen, keinen Überdruss" entwickeln und „auch wenn sie ausgesprochen viele schlechte Taten praktizieren [...], nicht die geringste Reue zeigen." (Asanga: in Gampopa: Juwelenschmuck, Tashi Verlag 2005, S. 18)

Leider verstarb meine Mutter, als ich elf war, und mein Vater, als ich das achtzehnte Lebensjahr erreichte. Für mich war das ein kaum zu verarbeitender Einschnitt, der den Glauben an die Beständigkeit der Welt und des Lebens erschütterte.

Der frühe Tod meiner Eltern hinterließ in mir ein Gefühl von Unsicherheit und Existenzangst. Er ließ mich schon früh die Endlichkeit unseres kurzen Daseins erkennen. Spirituelle Leere und die Angst vor dem Tod führten bei mir zur Suche nach irgendetwas, das Hoffnung gibt. In dieser Zeit erinnerte ich mich, einmal eine Nachricht von dem Wiedergeborenen (Dalai Lama) gelesen zu haben.

In Weißrussland war seine Heiligkeit nicht so bekannt wie hier. Die Beschäftigung mit dessen Person sowie der Lehre Buddhas ließen mich in meinem dritten Lebensjahrzehnt nun finden, wonach ich gesucht hatte: Das Verständnis vom Sinn des Lebens.

Durch die Freude darüber, bemerkte ich zuerst nicht, dass ich auch Veranstaltungen, Retreats sowie Einweihungen von sektiererischen Gruppen besuchte und man mich dort persönlich und finanziell vereinnahmen wollte. Dies gibt es leider sehr häufig. Die Lehre wird dort verfälscht. Das hat nichts mit dem Buddhismus an sich zu tun, sondern ausschließlich mit der Selbstsucht und Unwissenheit der Menschen. Einige Zeit praktizierte ich auch intensiv in einem buddhistischen Kloster.

Gute karmische Umstände sowie das Finden eines korrekten Lehrers bewahrten mich vor Irrwegen und falschen Entscheidungen. Meine positiven und negativen Erfahrungen auf dem Weg zu einer Buddhistin sind auch in diesen Ratgeber eingeflossen. Sie sollen dem Leser helfen, typische Fehler zu vermeiden.

Grundbegriffe

Grundbegriffe sind Schlüssel für die Tore des Wissens. In das Minilexikon haben wir auch einige nicht zum Buddhismus gehörende Schlagworte aufgenommen, um deutlich zu machen, was wirklich zur Heilslehre gehört und was nicht. In sich Verschiedenes sollte nicht unwissend vermischt werden. Leider kommt dies häufig vor, was dazu führt, dass viele Menschen keine buddhistischen Ergebnisse erzielen. Dadurch wird ihre Unwissenheit und Verwirrung sogar noch verstärkt.

Die Lehre Buddhas ist etwas ganz Besonderes. Erklärt man diese zu einer Philosophie oder Religion, wäre dies ein überhebliches Überstülpen westlicher Konzepte auf eine Lehre, die eigentlich nur helfen soll, persönliche Leiden zu beseitigen. Unser Verständnis von Religion und Philosophie entspricht Denkkonzepten, welche dem Buddhismus nicht gerecht werden.

Deswegen sollten wir uns nicht den Kopf darüber zerbrechen, ob die Lehre Buddhas eine Philosophie oder eine Religion darstellt. Solche Überlegungen sind etwas für Wissenschaftler und ändern nichts an der Lehre selbst. Es gibt in diesem Moment (des kurzen Lebens) wahrlich Wichtigeres zu tun.

Für die meisten Europäer ist es zu Beginn nicht möglich, die wirklichen Bedeutungen der Lehre und ihrer Elemente zu verstehen, da sie sich diesen mit westlichen Denkmustern und Konzepten nähern. Teilweise hat die Lehre auch sehr subtile Aspekte. Das führt im schlimmsten Fall zum Aufgeben der Beschäftigung mit dem Buddhismus. So mancher fühlt sich innerhalb dieses neuen Denkgebäudes sehr dumm.

Vielen gelingt es anfangs auch nicht, die äußerst logikbetonten Gedankengängen bis zu ihrem Ende zu verfolgen. Zudem werden alle bisher gelebten Werte und Vorstellungen permanent infrage gestellt.

Der Buddhismus wendet sich aber nicht nur an äußerst intelligente Personen oder erfordert für sein korrektes Verständnis eine überragende Intelligenz. Prinzipiell können Menschen aus allen Schichten und mit verschiedenen intellektuellen Fähigkeiten den Buddhismus richtig praktizieren. Historisch zeichnete sich die Lehre gerade dadurch aus, dass sie keine Kastengrenzen akzeptierte und die Erleuchtung für jedermann möglich hielt.

Intelligenz ist wiederum keinesfalls hinderlich, sondern sehr hilfreich, wenn sie mit Weisheit gepaart ist. Wenn Du also ein Gelehrter werden möchtest, ist das auch in Ordnung, sofern Du die grundlegenden Aspekte und die Anwendung der Lehre im Leben dadurch nicht aus den Augen verlierst.

Das folgende Lexikon haben wir nur aus dem Gedächtnis heraus verfasst. Schlage die Begriffe ruhig auch in anderen Lexika nach. Dabei wird Dir auffallen, dass einige Aspekte von Schule zu Schule variieren. Der Buddhismus ist so vielfältig wie der Charakter von Menschen.

Buddha: Das Wort bedeutet „Erleuchteter". Einerseits bezeichnet es die vor ca. 2500 Jahren lebende Person, andererseits steht der Begriff für alle zentralen Ziele und Qualitäten der Lehre. Jeder, der diese erreicht, wird ein Buddha. Es wird angenommen, dass nach dem historisch ersten Buddha einige weitere Menschen das hohe Ziel erreicht haben. Deswegen werden häufig buddhistische Gelehrte oder Praktizierende in der Literatur auch manchmal als Buddhas bezeichnet. Die Autoren vermuten dann, dass diese das Ziel der Erleuchtung ebenfalls erlangt haben. Diese Einschätzung ist aber subjektiv. So wird zum Beispiel auch der jetzige XIV. Dalai Lama von Buddhisten als Inkarnation des Buddhas des Mitgefühls (Avalokiteshvara) betrachtet. Solche verschiedenen Typen von Buddhas bezeichnen eigentlich alle nur Aspekte des einen Buddha und sollen bei der Meditation helfen. Ebenso bezeichnen die Anhänger anderer Traditionslinien ihre Oberhäupter oft als Wiedergeburten Buddhas. Der vom Dalai Lama anerkannte XVII. Karmapa ist beispielsweise der spirituelle Führer der Kagyü-Traditionslinie und wird auf diese Weise von seinen Gefolgsleuten verehrt.

Bodhisattva: Das ist ein hoch verwirklichter buddhistischer Praktizierender, bereits ein Heiliger, somit eine Person im unmittelbaren Stadium vor der Erlangung der Buddhaschaft. Die Bodhisattvaschaft wird von Gelehrten wiederum in zehn genau definierte Stufen untergliedert. Es gibt sehr konkrete Festlegungen für diese. Unserer Lebenswelt mangelt es leider an solchen Personen. Schon vor dem Erreichen dieser Entwicklungsstufe sollte man die *37 Übungen eines Bodhisattvas* durchführen, um Verdienste und Weisheit anzusammeln. Es ist ebenfalls äußerst nutzvoll, die *Sechs Vollkommenheiten* zu üben. Verdienste sammelt man ausschließlich durch Taten an, die mit dem Dharma im Einklang stehen.

Zuflucht: Der Begriff bezeichnet Objekte, die bei der spirituellen Entwicklung eine wirkliche Hilfe und somit eine Zuflucht für das Bewusstsein (Synonym: Geist) bieten. In der Regel nimmt man zum Buddha, zum Dharma, zur Sangha und manchmal auch noch zum Lehrer rituell Zuflucht. Bei uns im Westen ist es üblich geworden, durch die Zufluchtnahme vor einem Lehrer (Tibetisch: *Lama*, Sanskrit: *guru*) im Rahmen eines Rituals symbolisch in die Gemeinschaft der Anhänger Buddhas einzutreten. Hierbei erhält die Person ihren buddhistischen Namen. Der erste Namensteil wird individuell vom Lehrer bestimmt, der zweite Teil bezeichnet zumeist die jeweilige Traditionslinie des Namensgebers. *Dschinpa Losang* bedeutet somit, dass der Lama die Hoffnung hatte, dass ich die Vollkommenheit der Freigebigkeit (Tibetisch: *dschinpa*) ausübe und in die Familie Losang (diese gehört zur Traditionslinie *Gelugpa*, die einst ein bedeutender tibetischer Gelehrter gründete) aufgenommen wurde.

Sangha: Hiermit ist eigentlich die Gemeinschaft der Bodhisattvas gemeint. Das sind Personen, die den entscheidenden Teil des buddhistischen Pfades bereits zurückgelegt haben. Da es diese in unserer Lebenswelt äußerst selten gibt, benutzen wir den Begriff auch als Synonym für eine buddhistische Gemeinschaft allgemein. Bei dem geistigen Bezug während der Zufluchtnahme sind mit dem Begriff jedoch immer nur wirkliche Bodhisattvas gemeint und nicht die weltlichen Gruppen von Buddhisten.

Dharma: Damit wird die Lehre des Buddha bezeichnet. Es handelt sich um die spirituellen Reden, Belehrungen und Gleichnisse Buddhas, aber auch um Schriften, Belehrungen und Reden von anderen Gelehrten, die den Pfad zur Erleuchtung *korrekt* weisen. Sie stimmen also mit Buddhas originalen Ausführungen inhaltlich überein. Falsch Dargestelltes ist niemals Dharma.

Lehre von den vier edlen Wahrheiten: Mit deren Verkündung begann das Drehen des ersten Rades. So wird die Verbreitung der Heilslehre Buddhas genannt. Sie erklären die Grundlage, den Weg und das Ziel.

1. Alles Zusammengesetzte (Bedingte, auf Ursache und Wirkung beruhende) ist Leiden.

2. Das Leiden hat eine Ursache.

3. Es gibt ein Ende des Leidens.

4. Es gibt einen Pfad (Weg) zur Beendigung der Leiden.

Jeder, der Buddhist werden möchte oder die buddhistische Lehre ein wenig mehr verstehen will, sollte versuchen, diese Wahrheiten und ihre Bedeutungen für das Leben zu erfassen, zumindest in ihren Grundzügen. Damit sind auf keinen Fall nur körperliche Leiden gemeint. Übersetzungen von buddhistischen Begriffsinhalten und die unterschiedlichen Denkkonzepte von uns Europäern führen bei Einsteigern und

Erstlesern vorschnell zum Glauben, etwas verstanden zu haben, was dann aber in großen Teilen ganz anders gemeint ist. Deswegen sind vertiefende Auseinandersetzungen mit diesem Thema unabdingbar und nie ganz abgeschlossen.

Gelübde: Beim Gelübde handelt sich um Versprechen in verschiedener Form und Tragweite. Es gibt zum Beispiel die Zufluchts-, die Laien-, die Bodhisattva- die tantrischen und die Mönchs-Gelübde. Kommt es zu einem Bruch, können diese durch erneutes Ablegen, Bereuen, Bekennen und bestimmte Praktiken der Reinigung wieder hergestellt werden. Tritt man zum Beispiel aus dem Mönchsorden aus, kann man zu einem späteren Zeitpunkt erneut Mönch werden. Die Gelübde sind stets freiwillig und sollen dabei helfen, den korrekten Pfad einzuschlagen und Achtsamkeit zu entwickeln, also auf das eigene tugendhafte Denken und Handeln zu achten.

Bodhicitta: Dies ist ein buddhistischer Begriff, der zumeist m i t *Mitgefühl* übersetzt wird. Mitgefühl im westlichen Verständnis und Bodhicitta meinen jedoch etwas Verschiedenes. Bodhicitta gilt auch als Methode und ist einer der zwei Flügel zur Erlangung der Erleuchtung (der eine Flügel heißt *Methode*, der andere *Weisheit*). Es ist der Wunsch, ein Buddha zu werden, um nicht nur sich, sondern allen anderen Lebewesen wirklich zu helfen. Deswegen gehört die Bodhicitta-Motivation auch zum Mahayana. Ein Mahayana-Praktizierender strebt die Erleuchtung an, um anderen Lebewesen und nicht nur sich selbst zu helfen. Dagegen strebt ein Praktizierender des Hinayana die Erleuchtung vor allem für sich an. Die Motivation im Mahayana ist also altruistischer. Ohne Bodhicitta ist eine große Erleuchtung (Mahayana-Erleuchtung) nicht möglich. Mit Bodhicitta lässt sich dieses Ziel viel schneller erreichen. Wer echtes Bodhicitta erzeugen kann, ist der Erleuchtung sehr nahe. Das ist jedoch sehr schwierig. Es gibt zwei Hauptpraktiken, um Bodhicitta zu erzeugen. Die eine Methode ist die 7-fache Anweisung, die andere das Austauschen des Selbst mit anderen. Diese Praktiken werden später im Buch erklärt.

Sechs Vollkommenheiten (auch transzendente Tugenden - Paramitas - genannt): Jeder Buddhist sollte sich unablässig in den sechs Vollkommenheiten üben. Diese sind Freigebigkeit, Ethik, Geduld, Tatkraft, Konzentration und Weisheit. Zuweilen variiert die Übersetzung der Begriffe.

Achtsamkeit: Diese gilt zwar nicht als eine der sechs Vollkommenheiten, ordnet sich aber indirekt in diese ein. Ohne Achtsamkeit gäbe es keine der sechs Vollkommenheiten. Sie ist ein zentrales Element des *edlen achtfachen Pfades*. Ohne Achtsamkeit (Aufmerksamkeit) können wir uns nicht selbst analysieren und Irrtümer erkennen. Ein Problem der meisten Menschen ist, dass sie nur wenig Achtsamkeit besitzen. Vielen fällt es unendlich schwer, eigene Fehler einzusehen oder eigene Denkmuster infrage zu stellen. Aus buddhistischer Sicht hat dies karmische Ursachen. Dies erklärt auch, warum manche Menschen - trotz negativer Charakterzüge - keinerlei Notwendigkeit erkennen, sich zu verändern. Die Achtsamkeit bezieht alle erfahrbaren Bereiche ein, körperliche, geistige und emotionale.
Im Buddhismus wird Achtsamkeit zumeist im Zusammenhang mit Meditationen betrachtet. Da es nicht nur Sitzmeditationen gibt, sondern ein Buddhist eigentlich fortwährend meditieren sollte, ist Achtsamkeit unablässig. Von Buddha gibt es dazu ganz konkrete Anweisungen. Die später vorgestellte Atemmeditation (siehe Kapitel: Die Meditation) ist eine klassische Achtsamkeitsübung.

Drei Höhere Schulungen: Damit fasst man im Buddhismus die notwendigen Übungen auf dem Pfad zur Erleuchtung zusammen. Hierzu zählen die Höhere moralische Disziplin, die Höhere Konzentration und die Höhere Weisheit.

Selbstlosigkeit (Synonym für Leerheit): Diese Lehre ist die Klammer, die alle buddhistischen Traditionen verbindet. Zwar hat Buddha aus anderen Lehren das übernommen, was von ihm als richtig bewertet wurde (z.B. die Lehre vom Karma), die Selbstlosigkeit wurde aber von ihm allein in der Erleuchtung erkannt und ins Zentrum seiner Lehre gerückt. Buddha erklärt, dass weder Personen noch Phänomene ein Selbst haben. Alle Bezeichnungen sind nur Sprachkonventionen für **selbst-lose** Personen und Phänomene. Das Weisheitssutra (auch Herzsutra genannt) spiegelt am besten wider, was damit gemeint ist. Unser Kapitel zur Leerheit geht auf zentrale Aspekte hierzu ein. Je besser man die wirkliche Bedeutung des Herzsutras erkennt, desto tiefer ist man in die Lehre eingedrungen. Im Verständnis dieses Sutras spiegelt sich das eigene Verständnis von Buddhas Lehre wider.

Mahayana: Dies ist die größte Traditionslinie des Buddhismus (auch *Hauptfahrzeug* genannt), die heute in den meisten buddhistischen Ländern verbreitet ist. Das Ziel ist hier nicht die kleine, sondern die große Buddhaschaft. Wer auf diese Weise um persönliche Erleuchtung ringt, dessen Streben ist erst beendet, wenn alle Lebewesen aus *Samsara* befreit sind. Da die Zahl der Lebewesen unendlich ist, ist dies ein *unermessliches* Vorhaben. Das Wort bezieht sich somit auf die Anzahl der Lebewesen. Ein solcher Wunsch gehört zu den Vorbereitungsübungen für eine buddhistische Meditation.

Hinayana: Das ist der Ausdruck für die kleinere, aber ältere der beiden Traditionslinien. Sie wird auch als *Theravada* bezeichnet, also als *älteres Fahrzeug*. Hier strebt man nach persönlicher Befreiung, der sogenannten kleinen Buddhaschaft. Es werden zumeist nur Schriftquellen als authentisch anerkannt, die in direktem Bezug zum historischen Buddha stehen. Diese sind im Palikanon enthalten und werden in *drei Körbe* aufgeteilt (der Begriff geht auf die Aufteilung der Schriftrollen nach Kategorien und einer damals üblichen Sammelaufbewahrung zurück). Dies sind die Ordensregeln, Lehrsätze und höheren Lehrreden. Von den Anhängern des Mahayana wird die Hinayana-Motivation auch als Vorstufe oder Zwischenschritt zur Mahayana-Motivation betrachtet.

Vajrayana: So bezeichnet man die tantrische Traditionslinie innerhalb des Mahayana. Manchmal wird sie auch als ein *eigenes Fahrzeug* bezeichnet. Wer dieser buddhistischen Praxis folgen möchte, kann den Zeitraum, der zur Erleuchtung führt, radikal verkürzen. Dies jedoch nur, wenn man die Anweisungen aus den Lehren korrekt praktiziert. Leider sind dazu die meisten Übenden, selbst die, die glauben, Tantra zu praktizieren, nicht in der Lage. Das Ergebnis ist dann genau umgekehrt. Der Zeitraum verkürzt sich nicht, sondern verlängert sich. Authentische buddhistische Schriften drohen dann mit so etwas wie der „Hölle". Damit ist gemeint, dass die Verblendungen durch eine falsche Praxis stark zunehmen.

Um Einsteigern zu helfen, arbeitet dieses Buch genau heraus, was die Basis für eine korrekte buddhistische und somit auch tantrische Praxis ist. Man sollte also kein Tantra praktizieren, wenn man nicht ausreichend Grundwissen besitzt und nicht wirklich versteht, warum und wozu im Tantra etwas getan wird. Falsch Praktizierende üben dieses so aus, als würden die buddhistischen Gottheiten real existieren. Sie realisieren nicht, dass Buddha das Selbst infrage gestellt hat und die tantrischen Gottesvorstellungen nur Meditationshilfen sind. Das ist einer häufigsten Grundfehler, der auf schlechten Übersetzungen, wenig Grundwissen und ungeeigneten Lehrern beruht. So klar wird das wohl selten gesagt.

Leerheit: Der Begriff ist ein Synonym für Selbstlosigkeit. Es gibt verschiedene Schulen, die unterschiedlich tiefgründige Betrachtungsweisen und Analysen zum Thema bieten. Im Hinayana wird zum Beispiel nur die Selbstlosigkeit der Personen gelehrt. Im Mahayana und Tantra sind auch speziellere und immer subtilere Betrachtungsweisen zum Begriff anzutreffen. Das Thema ist sehr komplex und erfordert erhebliches logisches Denkvermögen, philosophische Kenntnisse usw. Deswegen wird dieses Thema traditionell erst spät gelehrt, wenn ein Schüler im buddhistischen „Lehrplan" schon weit fortgeschritten ist. Ohne ein klares Grundverständnis kann man buddhistisches Tantra nicht sinnvoll praktizieren.

Verweilende Meditation: Das ist die erste der zwei Hauptformen der buddhistischen Meditation. Sie verstärkt Konzentration, Tiefe, Festigkeit und weitere meditative Aspekte.

Analytische Meditation: So nennt man die zweite Hauptform der buddhistischen Meditation. Hier wird zumeist ein Thema untersucht, bei dem logische Schlüsse gezogen werden. Dies erfolgt oft nach rituellen Vorgaben.

Shamata: Diese Meditationsform hilft, den Geist zu beruhigen und ihn konzentrierter auszurichten. Es ist somit eine überwiegend verweilende Form. Shamata wird überwiegend von Praktizierenden des Hinayana/Theravada durchgeführt.

Vipassana: Dies ist eine mehr analytisch ausgerichtete Form der Meditation. Vor allem Praktizierende des Hinayana/Theravada üben sie aus.

Shunyata: Bei dieser Meditation richtet man sich speziell auf das Thema der Selbstlosigkeit aus. Sie stellt eine Mischung aus den beiden Hauptformen dar. Sowohl Praktizierende des Hinayana als auch des Mahayana wenden sie mit unterschiedlichen Schwerpunkten an.

Gelugpa: Das ist die jüngste und im Westen bekannteste tibetische Traditionslinie. Gegründet hat sie der große tibetische Gelehrte Tsongkhapa. Der Dalai Lama ist das spirituelle Oberhaupt dieser Linie, deren Mitglieder gelbe Mützen tragen.

Nyingma: Dies ist die älteste Traditionslinie des tibetischen Buddhismus, die auf Padmasambhava, den man auch Guru Rinpoche oder zweiten Buddha nennt, zurückgeführt wird. Sie ist stark auf die tantrische Meditationspraxis ausgerichtet.

Kagyü: So heißt die zweitälteste Traditionslinie des tibetischen Buddhismus. Man führt sie auf den Gelehrten Marpa zurück. Bei uns im Westen gibt es inzwischen recht viele Praktizierende dieser Linie. Sie betont das Mahayana und die (tantrische) Meditation. Entsprechend sind hier tantrische Praktiken sehr verbreitet. Da Marpa und sein Schüler Milarepa

Laien waren, findet diese Richtung auch heute bei vielen Laienpraktizierenden großen Anklang. Hier erhält man ohne Ordination schon sehr früh (ohne die üblichen langen Vorstudien) Zugang zu den tantrischen Übungen. Es wäre aber ein falsches Vorurteil zu meinen, das Kagyü das Studium und die Theorie hinten anstellen. Den Gelugpa und Sakya wird wieder das Gegenteil nachgesagt. Alle Traditionslinien bieten umfassende theoretische und tantrische Studien an. Die Lehrer (Lamas) studieren oft viele Jahre an Klosteruniversitäten und schließen diese häufig als *Lharampa* ab. Dies entspricht in etwa einem europäischen Doktorgrad in Philosophie und Religion.

Sakya: So benennt man die drittälteste Traditionslinie aus Tibet. Sie hatte politisch lange Zeit einen großen Einfluss.

Zen: Diese Traditionslinie stammt aus China und ist im Westen durch die stillen Sitzmeditationen und Koans bekannt. Der Weg zur Erleuchtung folgt hier einem besonders individuellen buddhistischen Meditationsprogramm.

Karma: Die Lehre vom Karma ist im Buddhismus von zentraler Bedeutung. Sie steht in Bezug zu den vier edlen Wahrheiten. Die Gesetze vom Karma verdeutlichen, dass Handlungen Auswirkungen haben. Karma ist universell und nicht, wie Laien oft fälschlich annehmen, nur für Buddhisten oder Hindus gültig. Zwar akzeptieren wir im Westen – und besonders als Wissenschaftler –, dass Auswirkungen Ursachen haben, aber Menschen, die an Karma glauben, werden trotzdem oft belächelt. Dies sind aber identische Sachverhalte. Wir tun ständig Dinge, weil wir uns davon in Zukunft positive Auswirkungen erhoffen. Es ist Überheblichkeit, wenn Europäer die Lehre ungeprüft ablehnen. Die Karma-Lehre beschreibt, welche Taten welche Ursachen haben und welche Ursachen zu welchen Ergebnissen führen. Auch der Nichtbuddhist erfährt die Auswirkungen seiner Handlungen. Nach der Karma-Lehre kann man nur die Vorteile jener Handlungen erfahren, die man selbst ausgeführt hat. Wer also einmal positive Auswirkungen erfahren möchte, sollte bewusst dafür Ursachen schaffen. Somit hat die Lehre ihren Fokus auf dem gegenwärtigen Handeln und will jedem Menschen dessen Bedeutung klarmachen.

Sutra-Lehren: Dies sind die Lehren des Hinayana und Mahayana, die auf den überlieferten Sutras (Berichten) beruhen und nicht tantrisch sind.

Tantra: Dieses wird auch Vajrayana genannt. Das buddhistische Tantra ist ein Bestandteil des Mahayana. Es ist eine wichtige, teilweise geheime buddhistische Praxis für fortgeschrittene Praktizierende mit günstigem Karma. Man schreibt ihr besondere Kraft und Geschwindigkeit zu. In allen tibetischen Traditionslinien (und auch in Japan) wird heute noch Tantra praktiziert. Buddhistisches Tantra sollte nicht mit den hinduistischen Versionen verwechselt oder gleichgestellt werden, denn diese wenden nicht das Prinzip der Selbstlosigkeit an. Das ist der entscheidende Unterschied. Insofern kann nicht-buddhistisches Tantra allenfalls eine Vorstufe sein, aber keine wirkliche Befreiung aus dem Daseinskreislauf und dessen Problemen bieten. Das buddhistische Tantra kann also schon aus logischen Gründen von keiner anderen Form übertroffen werden. Buddhistische Tantras werden je nach Traditionslinie in Gruppen eingeteilt. Das Anuttarayoga-Tantra gilt im tibetischen Buddhismus als höchste Form und unterliegt strenger Geheimhaltung. Die Inhalte dieser Lehre werden von Lehrern nur an geeignete Schüler weitergegeben, um Verfälschungen und Fehlinterpretationen auszuschließen.

Mahamudra: Dies ist ein Übungskomplex, der zugleich die Hauptpraxis der Kagyü-Tradition ist. Er verbindet ruhiges Verweilen, tantrische Elemente und spezielle Vorbereitungen. Auf diese Weise kann man äußerst schnell Fortschritte auf dem buddhistischen Pfad erlangen. Auch andere Traditionslinien praktizieren Mahamudra.

Sadhana: So heißt der Text für die rituelle Meditation. Er wird oft fälschlich für einen reinen Gebetstext gehalten. Zwar enthält er auch Gebete, aber vor allem zeigt er, was man beim Vorbereiten und Durchführen der jeweiligen Meditation berücksichtigen sollte. Der Inhalt leitet den Übenden in der Meditation an, damit dieser nicht zu viel falsch macht. Die Abfolge der darin enthaltenen Praktiken ist so ausgerichtet, dass der Anwender die jeweiligen Meditationsergebnisse am Ende tatsächlich erzielen kann. Wer die Texte jedoch nur spricht und abliest, ohne deren Sinn zu verstehen, wird keine Realisationen bekommen. Dies ist so sinnlos wie das Nachplappern menschlicher Worte durch einen Papagei. Auch der Gesang, den viele dabei gern wie in einem Kirchenchor leisten, bringt einem dem wirklichen Ziel kaum näher. Es ist also äußerst wichtig, genau zu begreifen, was und wozu man etwas im Meditationstext macht. Jeder Abschnitt hat eine auf das Endergebnis gerichtete Funktion. Hierüber sollte man sich mit dem Lehrer oder sehr erfahrenen Praktizierenden einmal detailliert austauschen. Erläutern diese nur den Inhalt und setzen diesen nicht in Bezug zur Methode und Weisheit, ist das nicht genug. Das Verständnis eines Sadhana ist auch als Prozess zu verstehen, der nie abgeschlossen ist. Die Erleuchtung wäre der Beweis für eine korrekte Meditation.

Lamrim: Dies ist eine von Atisha entwickelte, äußerst wirkungsvolle und berühmte Meditationsfolge, die alle wesentlichen Themen und Praktiken des Buddhismus vereint. Das Üben der dort vorgegebenen Inhalte ist unbedingt zu empfehlen. Die damaligen indischen Gelehrten (Panditas) setzte diese essenzielle Zusammenfassung der 84000 Belehrungen Buddhas in Erstaunen. Niemand hatte geglaubt, dass man die Essenz des Buddhismus so knapp fassen kann. Damit konnten nun auch weniger gelehrte Personen den gesamten Buddhismus korrekt praktizieren.

Methode: Der Begriff ist ein Synonym für die Entwicklung von Bodhicitta.

Weisheit: Der Begriff ist ein Synonym für das Erkennen der Selbstlosigkeit der Phänomene und für den Begriff der Leerheit.

Verblendung: So bezeichnet man die durch Unwissenheit hervorgerufenen falschen Wahrnehmungen und Schlüsse des Bewusstseins (Geistes). Es gibt verschiedene Formen und Stufen. Die Verblendungen trüben den Geist wie Milch das Wasser. Es ist das Ziel jeder buddhistischen Praxis, diese zu beseitigen. Hat man die eigenen Verblendungen beseitigt, hat man automatisch die Buddhaschaft erlangt. Da die Beseitigung durch die Übungen des Hinayana äußerst schwierig und sehr langwierig ist, versuchen viele diesen Prozess mit den Mitteln des Tantras zu beschleunigen.

Geist: Man verwendet das Wort in Übersetzungen als Synonym für das Bewusstsein. Damit ist kein Geistwesen gemeint. Der Geist hat verschiedene Stufen. Von der groben bis zur tiefsten Stufe werden die Abstufungen immer subtiler. Gedanken und Gefühle treten auf der gröbsten und somit verunreinigten Ebene des Geistes auf. So bedeutungsvoll sie dem einzelnen Menschen auch erscheinen, sie stehen immer mit Verblendungen, also mit der Unwissenheit, in Beziehung. Insofern sind alle Reden sowie alle Theorien und Erklärungen von Wissenschaftlern, Gelehrten und Prominenten nichts als ein Ausfluss des groben, verblendeten Bewusstseins. Daher ist auch die tiefe Beschäftigung damit letztlich nur verschwendete Zeit. Der wirkliche buddhistische Pfad beginnt jenseits des groben (verunreinigten) Bewusstseins. Das ist einer der Gründe, warum der Buddhismus so sehr die Meditation einbezieht. Auf diese Weise versucht man, die subtileren Schichten des Bewusstseins, die weniger verblendet sind, zu nutzen. Irgendwann muss man also die buddhistischen Bücher beiseitelegen, da auch diese mit der konventionellen Ebene des Bewusstseins kommunizieren, und stattdessen meditieren.

Samsara: Dies ist die von Leiden und Unwissenheit durchzogene, vom Bewusstsein der Lebewesen erfahrene Welt.

Nirvana: So bezeichnet man das Ergebnis buddhistischer Praxis. Es ist das Gegenstück zu Samsara (unserer Welt des Leidens). Somit ist Nirvana die von Unwissenheit und Leiden gereinigte Welt. Sowohl Samsara als auch Nirvana werden immer geistig, also vom jeweiligen Bewusstsein individuell, erfahren.

Entsagung: Dies meint den *geistigen Wunsch*, dem Leidenskreislauf Samsaras zu entfliehen. Doch viele verstehen die Bedeutung falsch. Anfänger denken oft, dass Entsagung das Aufgeben liebgewonnener Dinge erfordert und mit Askese gleichzusetzen ist. Zahlreiche Scharlatane benutzen diesen wesentlichen Begriff, um Einsteigern zu suggerieren, sie sollten den Besitz, die Familie und Freunde her- oder aufgeben. Das sind aber keine Buddhisten, sondern gewiefte Betrüger, die über ein gewisses oberflächliches Wissen verfügen und so gutgläubige und naive Personen ausnutzen. Das ist auch kein spezifisches Problem des Buddhismus.

Zwölf Glieder des abhängigen Entstehens: Es handelt sich hierbei um eine äußerst tiefgründige, für Menschen ohne ausgeprägtes logisches Denkvermögen jedoch schwer verständliche Erklärung des Buddha zu den Zusammenhängen Samsaras (unserer Welt). Mit zunehmendem Wissen gewinnt man ein immer besseres Verständnis dieser komplexen Erklärung.

Der edle achtfache Pfad: Damit meint man Verhaltensregeln, die von Buddha empfohlen wurden. Sie sollten gleichzeitig geübt werden und bestehen aus drei Gruppen. Die Weisheitsregeln sind: Strebe nach rechter Erkenntnis und nach rechter Gesinnung. Die Sittlichkeitsregeln sind: Rede recht, handle recht und führe einen rechten Lebenswandel (ohne Töten, Lügen und Betrügen). Die Vertiefungsregeln sind: Entwickle rechtes Streben, rechte Achtsamkeit und rechte Sammlung.

Gottheiten: Dies sind Meditationshilfen für Tantra-Praktizierende, die verschiedene Aspekte des Geistes von Buddha symbolisieren. Sie stehen immer in Bezug zu den zentralen Kategorien, also Methode und Weisheit. Aufgrund der jeweiligen Teilaspekte werden sie jeweils einer der fünf

Buddha-Familien zugeordnet. Sie haben keine wirkliche (inhärente) Existenz, sind also aus buddhistischer Sicht ohne ein Selbst, also selbstlos.

Götter: Buddha hat die Existenz von Göttern, Halbgöttern, Geistwesen usw. nie infrage gestellt. Es handelt sich hier aber nicht um außerhalb unserer Welt stehende Wesen oder einen Schöpfergott, wie in einigen monotheistischen Religionen, sondern ausschließlich um in Samsara eingebundene Wesen, die dem Daseinskreislauf genauso wie der Mensch unterworfen sind. Nur ein Buddha überwindet Samsara und überragt somit die Götter. Es ist also eine Sprachkonvention für eine bestimmte Art von Lebewesen innerhalb unseres von Leiden geprägten Daseinskreislaufes.

Retreat: Der Begriff bezeichnet das Zurückziehen zur vertiefenden Übung und Erkenntnisgewinnung. Für einen selbst festgelegten Zeitraum entkoppelt man sich so weit wie möglich aus seinen samsarischen Verwicklungen und versucht tiefere Erkenntnisse zu gewinnen. Die Zeitdauer kann von wenigen Tagen bis zum Ende des Lebens reichen.

Yoga: Buddhistische Yogas unterscheiden sich von den bekannteren indischen Yogapraktiken. Man übt sie vor allem im Zusammenhang mit den Tantras. Darum sollte man diese nicht miteinander verwechseln, gleichstellen oder vermischen. Während der Buddhismus ein Nichtselbst postuliert (*anatta* in Palisprache oder *anatman* in Sanskrit), gehen die indischen Yogapraktiken überwiegend von einem inhärenten Selbst aus (*atta* oder *atman*). Da die verschiedenen indischen Yogas ein in sich komplexes System darstellen, das auch religiöse Grundvorstellungen immer einbezieht, gibt es hier eine klare Trennlinie. Buddhistische Yogas sind dagegen überwiegend geistige, auf die Erkenntnis gerichtete Übungen. Es gibt aber auch hier körperliche Übungen, die die ersteren verstärken sollen. Solange man klar zwischen den religiösen Aspekten von indischen und auf die Veränderung des Bewusstseins gerichteten der buddhistischer Yogas zu unterscheiden vermag, dürfte es nicht kontraproduktiv sein, bestimmte indische

Asanas (Yogaübungen) auch als Buddhist zu praktizieren. Da indische Yogaübungen den Geist ebenfalls nach innen richten, unterstützen diese bis zu einem gewissen Grad die Abwendung von außen und die Zuwendung zum Inneren. Auch körperliches Wohlbefinden ist gut für eine kontinuierliche buddhistische Praxis. Sehr oft finden Menschen über die Beschäftigung mit den indischen Yogas zum Buddhismus. Man kann aber so auch schnell bei einer unseligen Vermischung von theistischer Religion (Hinduismus) mit einer Heilslehre ohne Schöpfergott/-götter landen und falsche Vorstellungen entwickeln. Das ist eine Gefahr.

Karmamudra: Im Buddhismus gehört dieses Thema zu den äußerst geheimen tantrischen Lehren. Die Karmamudra gibt es sowohl als wirkliche, äußere wie auch als imaginäre, geistige Form. Die Methode (siehe Begriffe) gilt im Buddhismus als männlich, die Weisheit als weiblich. Da beide für die endgültige Erkenntnis vereinigt werden müssen, symbolisiert die Vereinigung des Praktizierenden mit der äußeren Karmamudra diesen Vorgang. Aus sehr verschiedenen Gründen finden viele Übende keinen Zugang zu einer (lebenden) Karmamudra, da diese bestimmte definierte Voraussetzungen besitzen sollte. Mönche sind zum Beispiel durch ein Keuschheitsgelübde eingeschränkt. Diese Personengruppen können die Karmamudrapraxis somit nur geistig vollziehen. Es ist korrekt, dass diese Praxis nur für Praktizierende des Anuttarayoga-Tantras (höchstes buddhistisches Tantra) geeignet ist. Tantra kann jeder entsprechend seinen karmischen Voraussetzungen auch schon in jungen Jahren beginnen. Durch die Abläufe in vielen Zentren dauert es jedoch oft viele Jahre, bis Einsteiger überhaupt in die Nähe solcher Informationen kommen. Zudem erhalten sie hierzu häufig keine Auskünfte. Einer der größten Mönchsgelehrten (Tsongkhapa) bestätigte aber, dass diese Praxis bei den höheren yogischen Übungen im Tantra der Vollendungsstufe für alle fortgeschrittenen (auch jungen) Personen notwendig ist.

Karmapa: Der Begriff bezeichnet das Oberhaupt der Kagyü-Traditionslinie. Nach dem Tod des letzten Karmapa im Jahr 1981 wurden gleich zwei XVII. Karmapas inthronisiert, was die Linie gespalten hat. Der vom Dalai Lama anerkannte Karmapa floh im Jahre 2000 aus China und lebt nun ebenso im indischen Exil.

Tibet: Dieses Land bildete bis zur Invasion 1950 durch China einen eigenständigen Staat. Der XIV. Dalai Lama war dessen politisches Oberhaupt. Zugleich war er der religiöse Führer der Gelugpa Traditionslinie. Durch eine strikte Abschottung des Staates gegen die Nachbarstaaten war der Buddhismus in allen Facetten (Hinayana, Mahayana, Tantra) in Tibet vor fremden Einflüssen relativ lange geschützt. Hier existierten deswegen noch ungebrochene Traditionslinien (Weitergabe der Lehre und des Segens von Mund zu Mund) bis zu Buddha. Das macht den tibetischen Buddhismus so einzigartig.

Reinkarnation: Darunter versteht man die Wiedergeburt eines Wesens oder Bewusstseins. Hierzu gibt es sehr verschiedene Vorstellungen. Als Buddhist sollte man genau verstehen, von welcher Wiedergeburt Buddha sprach. Buddhistische Vorstellungen von der Wiedergeburt unterscheiden sich von anderen. Viele werden aus Angst vor dem Verlieren des Ichs durch den Tod auf naive Weise Buddhisten. Durch den Beitritt (das Bekenntnis) zum Buddhismus glauben sie sich eine Wiedergeburt zu sichern. Das ist schlicht ein Glaube ohne Wissensgrundlage und kein echter Buddhismus. Wiedergeburt ist jedoch nicht vom Glauben abhängig. Vom Glauben kann es jedoch abhängig sein, ob man sie akzeptiert oder verleugnet. Religionen akzeptieren häufig unlogische Vorstellungen und begründen dies dann einfach mit Glauben. Der Buddhismus ist dagegen eine Lehre, fast eine Wissenschaft der Logik, und wendet diese strikt an. Insofern ist Glauben im Buddhismus theoretisch unnötig. In der Erleuchtung hat Buddha die Wiedergeburten gesehen und bestätigt. Für Buddhisten ist die von Buddha dargelegte Vorstellung von der Wiedergeburt somit ein Fakt, da Buddha nachprüfbar niemals die Unwahrheit gesagt oder sich geirrt hatte.

Aus buddhistischer Perspektive wird nicht das Selbst (die Vorstellung vom Ich) dieses Lebens wiedergeboren, sondern der letzte Moment dieses Lebens ist die Ursache des ersten Moments des nächsten Lebens. Es gibt also einen Kontinuitätsstrom von Ursachen und Wirkungen, der sich auf den geistigen Bereich bezieht. Der letzte Moment dieses Lebens und die angesammelten karmischen Taten (nicht nur dieses Lebens) führen dann zur Bildung eines neuen, illusionären (also wieder verblendeten) Selbst. So ist die buddhistische Wiedergeburt grob zu verstehen. Die seit etwa zehn Jahren angewandte Reinkarnationstherapie, wo Patienten in Hypnose versetzt werden (oder sich selbst versetzen lassen) und über frühere Leben sprechen, bestätigt auf wissenschaftliche Weise, dass die von Buddha dargestellte Reinkarnation korrekt ist. Alle Menschen erzählen dort von ihren früheren Leben. Dort sind sie jedoch nicht mit ihrer heutigen Person identisch. Die religiösen und kulturellen Weltbilder des Westens erschweren es vielen Menschen, diesen Fakt zu akzeptieren. Besonders „Wissenschaftler" verschließen oft überheblich ihre Augen. Eine durch Hypnose gewonnene Erkenntnis wollen sie intellektuell nicht akzeptieren, gleichsam wenden sie diese aber in der westlichen Medizin an. Das ist in sich widersprüchlich. In Asien, dem menschenreichsten Kontinent, gibt es keinerlei Akzeptanzprobleme dieses wissenschaftlichen Fakts. Trotzdem glauben (!) sich die europäischen Zweifler im Recht. Einsicht oder Toleranz wird nur dann gezeigt, wenn sie in das eigene Weltbild passt. Im Textabschnitt zur Selbstlosigkeit geben wir weitere Hinweise zu diesem Thema.

Hypnose: Dies ist eine bekannte Technik, mit der ein Hypnotiseur in tiefere Schichten des Bewusstseins eindringt und dort Suggestionen für eine Verhaltensänderung einpflanzt. Je tiefer (in Bezug auf die Bewusstseinsebene) die Suggestion erfolgt, umso erfolgreicher ist diese. Man spricht hier auch von Tiefenhypnose. Die Hypnose bestätigt indirekt die buddhistische Auffassung von den verschiedenen Schichten des Bewusstseins. Der buddhistische Meditierende versucht mit seiner Übung ebenfalls subtile Bewusstseinsebenen zu erreichen und Verhaltensänderungen herbeizuführen. Ein entscheidender Unterschied ist natürlich, dass der Meditierende selbst handelt, wogegen der Patient sich bei der Hypnose auf die Fähigkeit eines Fremden verlassen muss. Jeder Fremdeingriff beherbergt natürlich gewisse Gefahren. Auch die Arbeitsmethoden unterscheiden sich voneinander, trotzdem muss man gewisse Parallelen anerkennen.

Psychologie: Sie wird oft als empirische westliche *Seelenkunde* verstanden und bei uns teilweise auch als Wissenschaft betrachtet. Westliche Psychologie und östlicher Buddhismus gehen jedoch von ganz verschiedenen Grundannahmen aus. Während die westliche Medizin und das westliche Denken immer vom Bestehen eines Selbst beim Menschen ausgehen und bei Problemen sogar wiederherstellen wollen, ist der Glaube an ein Selbst eine der von Buddha erkannten Verblendungen. Der Glaube an ein inhärentes Selbst ist vielmehr die Ursache aller Probleme. Insofern ist der Rat westlicher Psychologen für Buddhisten meist sinnlos. Aus buddhistischer Sicht beschäftigt sich Psychologie also mit den verblendet wahrgenommenen Erscheinungen und nicht mit grundlegenden Ursachen. Daher kann sie die krank machenden Verstrickungen nicht erkennen und auflösen.

Esoterik: Sie ist eine philosophische, zumeist europäische Lehre, die nur einem kleinen Personenkreis zugedacht ist. Insofern ist der Buddhismus keinesfalls esoterisch, auch wenn er einen inneren Erkenntnisweg, nach dem auch die Esoterik sucht, aufzeigt. In der Esoterik gibt es sehr unterschiedliche Strömungen.

Kundalini: Die sogenannte „Schlangenkraft" ist kein buddhistisches Yoga oder Tantra. In den tantrischen indischen Schriften wird sie als eine ätherische Kraft bezeichnet, die im untersten Chakra als schlafende und zusammengerollte Schlange wohnt. Sie kann durch spezielle yogische Praktiken erweckt werden und steigt dann durch die höheren Chakren bis in das oberste. Dann verschmilzt das Bewusstsein angeblich mit der kosmischen Energie. Durch Visionen und überweltliche Erfahrungen erfährt man dann ein yogisches höheres Selbst. Auch solche Erfahrungen sind aber immer noch Verblendungen eines sich selbst wahrnehmenden Geistes. Buddhistische Meditationsziele gehen darüber weit hinaus, da am Ende die Erkenntnis des Nichtselbst (*anatman*) stehen sollte.

Chakren: So bezeichnet man Energiezentren, die sowohl im hinduistischen Tantra als auch im buddhistischen Vajrayana sowie im Yoga erklärt werden. Sie sind durch Energiekanäle verbunden und nicht organischer, sondern astraler Natur. Ihre Positionen werden entlang der Wirbelsäule angesiedelt. Im Wesentlichen sind sie also Konzentrationspunkte und Übungshilfen. Durch die Fokussierung auf diese Bereiche verstärkt man die Hinwendung nach innen und der Übende sammelt bestimmte Erfahrungen. Oft werden sieben Chakren benannt, manchmal auch weniger. Anzahl, Farbe und die Positionen stehen natürlich in Bezug zum jeweiligen meditativen System. Für den eigenen Erfolg ist es wichtig, diese nicht bunt zu mischen, da die historischen Gurus genau mit den überlieferten Yogas Erfolge erzielten. Heutzutage kreieren jedoch viele selbsternannte Lehrer etwas *Eigenes oder Modernes*. Unbedeutende Fantasieerlebnisse werden dabei zu wirklichen Realisationen erklärt. Es ist sinnvoll, sich konsequent an ein überliefertes System zu halten.

Feng Shui: Das heißt „Wind und Wasser" und ist ein Teil der chinesischen daoistischen Philosophie. Mit der Anwendung der spezifischen Regeln sollen die Geister von Luft und Wasser besänftigt werden. Die Lehre ist also kein Bestandteil des Buddhismus. Im Westen wendet man sie für die Harmonisierung beim Gestalten der Wohn- und Lebensräume an.

Häufig anzutreffende Fehler

Die folgenden Fehler sind bei westlichen Praktizierenden sehr verbreitet:

1. Die Lebewesen, der Buddha und die Phänomene werden mit einem Selbst versehen und entsprechend wahrgenommen.

2. Die Hinweise zur Selbstlosigkeit werden falsch verstanden. Dadurch wird nicht buddhistisch praktiziert.

3. Man vertraut nicht geeigneten Lehrern, bindet sich zu früh oder lässt sich von diesen materiell ausnutzen.

4. Es wird sektiererischen Vorstellungen gefolgt.

5. Die Orientierung geht verloren, weil zu viel ausprobiert oder unsachgemäß vermischt wird.

6. Authentische Schriften werden nicht von kommerziellen unterschieden.

7. Die Selbstanalyse erfolgt zu oberflächlich.

8. Durch zu geringes Wissen wird der Dharma falsch interpretiert.

9. Es werden inkorrekte Handlungsweisen abgeleitet.

10. Es wird nicht erkannt, wie, worüber und warum man meditieren sollte. Oder es wird zu wenig, zu lang, falsch, kraftlos oder nur zur Entspannung geübt.

11. Es entsteht Stolz.

12. Praxis und Alltagsleben werden voneinander wie Beruf und Hobby getrennt.

Das goldene Fundament

Teile 1+2

Das Leben und die Lehre Buddhas

Die Zuflucht

Das Ziel und der Pfad

Die Meditation

Die Lehre von der Selbstlosigkeit

Die zwei Methoden zur Erzeugung von Bodhicitta

Die zwei Flügel: Weisheit und Methode

Der Weg

Der Lehrer

Das Leben und die Lehre Buddhas

Die heutige Zeit ist durch den technologischen Fortschritt geprägt und propagiert sich oft selbst als Entwicklungshöhepunkt. Sie stellt jedoch aus buddhistischer Perspektive etwas ganz anderes dar.

Im Bereich der spirituellen und menschlichen Qualitäten sind aus dieser Sicht eine Degeneration und ein Niedergang festzustellen. Spiritualität nimmt ab, Oberflächlichkeit und sinnlose Lebensgestaltungen, bei denen Spiel und Spaß im Mittelpunkt stehen, nehmen zu, ebenso Egoismus und Narzissmus. Dies hatte Buddha bereits vorausgesagt. Unmittelbar nach seiner Erleuchtung musste er abwägen, ob seine Lehre die Menschen überhaupt interessieren würde.

Heute erscheint es fast so, als gäbe es trotz einer größerer Menschenzahl immer weniger charismatische oder vollendete Persönlichkeiten. Selbst unsere Fernsehsendungen drehen sich fast ausschließlich um Äußerlichkeiten. Man schaut Koch- und Modesendungen, vergnügt sich mit der Betrachtung brutalster Gewalt und beobachtet Prominente bei ihren alltäglichen Tätigkeiten. Mit auffälliger Garderobe, Frisur und Schminke definieren die Menschen ihre Persönlichkeit und reduzieren sich damit – ohne es zu merken – auf Attribute, die eigentlich nebensächlich sein sollten. Der Konsum scheint die allmächtige Gottheit unseres Jahrtausends zu sein, vor der sich alle verbeugen. Gleichzeitig führen die Menschen wie vor Jahrhunderten Auseinandersetzungen und Kriege. Ebenso ermorden sie andere in der Hoffnung auf persönliche Vorteile. Lug und Betrug sind allgegenwärtig.

Es gibt in der heutigen Welt viele Lehrer – oder solche, die vorgeben, Gelehrte zu sein. Zahlreiche Menschen vertrauen jenen, die sich Professor, Doktor, Prominenter, Philosoph, Künstler, Politiker usw. nennen. Oft verkünden diese medial ihre kurzlebigen Meinungen als Wissen oder wichtige Erkenntnis. Das, was jedoch gestern verkündet wurde, wird heute schon wieder als Fehler von gestern kritisiert.

Eine Beschäftigung mit dem Leben und der damaligen Welt Buddhas zeigt sehr schnell, dass alles heutige „Neue" schon damals gesagt, von Buddha gehört, widerlegt oder anerkannt wurde.

Die Vorstellungen heutiger Mono- und Polytheisten sowie von Materialisten, Pantheisten, Spaßpredigern, Fatalisten und Nihilisten wurden von Buddha allesamt bereits bewertet – einschließlich der Mischformen. Es gibt heute eher weniger Denk- und Glaubensrichtungen als zur Lebenszeit Buddhas.

Siddharta Gautama aus dem Geschlecht der Shakya wurde als einziger Sohn eines Hochadeligen, den man zuweilen auch als König bezeichnet, im Norden des heutigen Indien im Jahre 563 v. Chr. geboren. Später wurde er zu jener Person, die seit Jahrhunderten als Buddha bekannt ist. Seine Existenz und sein Wirken sind durch ausreichend historische Funde wissenschaftlich bewiesen. Der Vater hieß Suddhodana und die Mutter Maya, die kurz nach Gautamas Geburt verstarb. Viele Mitglieder seiner Familie zeichneten sich durch besondere Güte und Menschlichkeit aus. Schon früh wurde Buddha als ein Kind mit besonderen Begabungen erkannt. Ein berühmter alter Seher sagte ihm eine große Zukunft (weltlich oder spirituell) voraus. Er wuchs zu einem sehr großen Mann von heller Hautfarbe mit schwarzen Locken und einer weißen Stirnlocke heran. Ebenso besaß er viel Kraft und eine außergewöhnliche Intelligenz. Es ist nicht belegt, dass er schreiben konnte. Seine Umgebung liebte den Thronfolger und versuchte ihm jeden Wunsch von den Augen abzulesen. Jeder von uns hätte sich eine solche Kindheit erträumt.

Doch sein gutes Herz und seine spirituellen Fähigkeiten beängstigten seinen adeligen Vater insgeheim. Dieser wünschte sich einen Thronfolger und keinen Geistlichen. Er tat alles, um seinen Sohn durch weltliche Genüsse von den Freuden dieser Welt zu überzeugen und von Nachsinnen und spirituellen Beschäftigungen abzulenken. Man muss schon eine ganz besondere Persönlichkeit sein, um auf diese Angebote von Ruhm, Reichtum und Ansehen zu verzichten. In der damaligen Lebenswelt war eine gesicherte Existenz im Luxus ein noch viel selteneres Gut als heute.

Zur Krönung versuchte Gautamas Vater ihn mit einer der schönsten und begehrtesten Prinzessinnen der damaligen Welt zu verkuppeln. Deren Vater hatte jedoch von den geistlichen Interessen des angedachten Schwiegersohns gehört und wünschte sich einen Beschützer für seine Tochter. Kampfspiele mit anderen Bewerbern sollten die Nichteignung Gautamas zeigen. Sie erschienen dem Nachbarfürst als ein diplomatischer Ausweg, um den König der Shakya nicht direkt zu kränken, der auf dieser Verbindung bestand. Zu aller Erstaunen und zum Stolz seines Vaters ging Gautama jedoch als eindeutiger Sieger aus dem Wettstreit hervor und errang so die Hand der Prinzessin Yasodhara. Die Liebe verband die beiden Eheleute miteinander, ebenso ihr Mitgefühl für andere Lebewesen. Sie waren ein Traumpaar der damaligen Zeit.

Doch Gautama wollte seinem Leben noch immer einen tieferen Sinn verleihen. Die Begegnungen mit einem Kranken, einem Alten und einem Sterbenden hatten ihn zutiefst erschüttert. Er hatte die Leidhaftigkeit und Vergänglichkeit der Welt erkannt und suchte nach einem Weg, dies zu überwinden. Seiner höflichen Bitte an Vater und Ehefrau, ihn (vorerst) aus seinen familiären Pflichten zu entlassen, beantwortete der Herrscher mit der Forderung nach einem Enkel als Ersatz für die Thronfolge. Yasodhara wurde tatsächlich mit einem Sohn von ihm schwanger. Am Tag der Geburt seines Sohnes Rahula verließ Gautama heimlich die Familie. Er wusste, dass man seinem Wunsch niemals entsprechen würde, wenn er die Höflichkeit wahrte. Doch für sein utopisches Unterfangen, an dem bisher alle Menschen gescheitert waren, zahlte er einen hohen Preis: Das Leid seines Vaters sowie das Leid seiner verehrten Tante, seiner geliebten Ehefrau und seines neugeborenen Sohnes. Dazu kam der Verlust jeglichen Komforts. Für einen mitfühlenden Menschen wie Gautama muss diese Entscheidung unsäglich schwierig gewesen sein. Bitter waren die Klagen von Vater, Ehefrau, Tante und Verwandten.

Das Leid der übrigen Menschheit wog jedoch für den logisch Abwägenden schwerer als sein eigenes und das seiner Familie. Gautama ging gezielt vor. Ohne ein echtes Ergebnis wollte er nie wieder vor das Angesicht seiner Familie treten. Er suchte die höchsten Gelehrten und anerkanntesten Yogis der damaligen spirituell ausgerichteten Welt auf: Adako Kalamo und Udako, der Sohn des Ramos, waren die unübertroffenen Meister. Ihre Meditationen erreichten das, was in den indischen Yogas als das höchste Ergebnis und Ziel beschrieben wird. Diese Versenkungsstufen erreichen heutige Yogis – und selbst ihre größten Lehrer – nicht mehr. Während seines Besuches verschwieg Gautama seine Herkunft, da sein Vater ihn suchte. Eigentlich kostete der Unterricht – wie auch heute – bei so bedeutenden Lehrern viel Geld. Aber das außergewöhnliche Charisma des begabten Schülers bewog beide Lehrer unabhängig voneinander dazu, diesen kostenlos zu unterweisen. In relativ kurzer Zeit erreichte Gautama das Niveau seiner Lehrer. So etwas hatten diese noch nie erlebt und boten ihm unabhängig voneinander die Partnerschaft und sogar die Führung ihrer Schulen an. Gautama sah jedoch, dass diese Ergebnisse (also die des indischen Yogas) die Lebewesen keinesfalls aus dem Leidenskreislauf befreiten. Deswegen suchte er weiter. Die Askese erschien ihm als eine Option, aber auch diese erwies sich als erfolglos. Erst eine selbst entwickelte Kombination ließ ihn als ersten Menschen unter dem Bodhibaum die Erleuchtung erringen. Hierbei hat er seine persönlichen Fähigkeiten mit tiefer Meditation, eigenen Erkenntnissen und seinem unbeschreiblichen Willen verknüpft. Er erlangte mehrere unvergleichliche und bis heute unwiderlegbare Erkenntnisse sowie das Wissen, wie der Leidenskreislauf beendet und Nirvana erlangt werden kann. Fortan nannte man ihn den Buddha –also den Erleuchteten. Er war nun allwissend.

Eigentlich fühlte der historische Buddha sich nach der Erleuchtung nicht mehr der Kategorie Mensch zugehörig. Er empfand sich der Hülle (des Körpers) entwachsen und identifizierte sich nicht mehr mit ihr. Indem er zuvor höchste Qualitäten in allen Bereichen errungen hatte, konnte er sämtliche Verblendungen in seiner Erleuchtung endgültig beseitigen. Diese war kein plötzliches, zufälliges oder rein mystisches Ereignis. Es war ein hart errungenes Ergebnis des langfristigen und konsequenten Strebens Buddhas. Ihm war klar, dass Samsara kein wunderbarer Ort, kein göttliches Paradies, sondern nur ein Gefängnis verschiedenster Leiden ist, in dem alle krank werden, altern, Verluste erleiden und sterben. Durch sein Streben hatte er den Weg gefunden, diesem Gefängnis als erster Mensch zu entfliehen.

Die wesentlichen Inhalte der Erleuchtung waren:

1. ***Die Bestätigung des Gesetzes vom Karma,***
2. ***das Sehen vergangener Leben und***
3. ***die Erkenntnis der vier edlen Wahrheiten,*** die den Weg aus Samsara weisen.

Durch sein Mitgefühl teilte er das schwer errungene Wissen über den Weg zur Erleuchtung mit anderen karmisch begünstigten Menschen und drehte das erste Rad seiner Lehre durch das Verkünden der vier edlen Wahrheiten.

Dies kann man nicht hoch genug schätzen, da die Menschen als Ganzes eigentlich nicht für die Heilslehre geeignet waren und es auch heute nicht sind. Selbst der erleuchtete Gautama, den man später Buddha nannte, musste wohl längere Zeit (einige Tage) intensiv meditieren, um diese Entscheidung zu treffen. Das verrät schon viel über die niedrigen spirituellen Qualitäten der Menschheit. Obwohl ein Buddha unermessliches Mitgefühl mit allen Lebewesen besitzt, war die Frage für den historischen Buddha wohl nicht leicht zu beantworten.

Der Erleuchtete hinterfragte, ob die Mühen sich wirklich lohnen würden. Die Menschen waren und sind eigentlich mehr Spiel, Spaß, Vergnügen und Oberflächlichkeiten zugeneigt. Deswegen werden sie im Buddhismus als Lebewesen auch dem Begierdebereich zugeordnet. Also jenem Teil des Universums, im dem die Gier die entscheidende Triebkraft für das Handeln darstellt. Zuerst sah es sogar so aus, als würde sich Buddha gegen das Verbreiten der Lehre entscheiden. Die Logik sprach scheinbar dagegen, das Mitgefühl dafür.

Ein Grund des Zögerns war vielleicht auch, dass die Erkenntnis jenseits des konventionellen Verstandes lag und nicht wirklich mit menschlichen Worten zu beschreiben war. Sein ursprüngliches Ziel, die persönliche Befreiung, hatte der Muni aus dem Shakyageschlecht ja erlangt. Er hatte niemals vorgehabt zu lehren oder ein Religionsgründer zu werden. Angebote hierzu hatte er zuvor immer abgelehnt.

Einen oberflächlichen Menschen würde diese komplizierte Lehre nicht interessieren oder schnell ermüden, da sie fortwährende Analyse, lebenslanges Lernen und Üben erforderte.

Buddha erkannte sofort, dass die Zahl derer gering sein würde, für die diese Lehre wirklich geeignet ist. Daher ist es verwunderlich, dass er schon zu Lebzeiten so viele Anhänger (wie kein anderer Religionsführer) gewann und sich heute insgesamt so viele Menschen zum Buddhismus bekennen. Einige bezeichnen die Heilslehre sogar als eine „Weltreligion".

Um dieser wenigen geeigneten Personen willen entschied sich Buddha am Ende - aus seinem Mitgefühl heraus - doch für die Teilung des Wissens. Das kann man nicht hoch genug schätzen. Die Lehre und der Weg, Samsara zu beenden, wären sonst der Menschheit für immer verborgen geblieben. Ohne die Hilfe durch Buddha, der wie ein Elefant für die Nachfolgenden einen Pfad im Dschungel Samsaras austrat, hätte sicher niemand nochmals den Weg zur Erleuchtung finden können. Zu kurz und rastlos ist unser menschliches Leben, um ohne Hilfe diese Erkenntnisse zu gewinnen.

Mitleid und Mitgefühl werden schnell miteinander verwechselt. Unter Mitgefühl versteht man im Buddhismus den Wunsch, den Lebewesen zu helfen, die verschiedenen Formen der Leiden wirklich zu beenden. Mitleid ist dagegen nur eine gefühlsbetonte Regung.

Buddha überragte nun alle Menschen und zeigte eine neue Qualität der spirituellen Entwicklung auf.

Sogar sein Vater, der es nie verschmerzte, dass sein geliebter Sohn die Thronnachfolge mehrfach abgelehnt hatte und ein Leben als mittelloser Mönch vorzog, nahm noch auf dem Sterbebett zur Lehre seines Sohnes Zuflucht, und zwar bei diesem selbst. Im Angesicht des Todes wurde ihm gewahr, dass dessen Erkenntnisse bedeutsamer als vergängliches weltliches Ansehen waren.

Nach seiner Erleuchtung wurde Buddha immer wieder von Gelehrten und Religionsführern zu öffentlichen Diskussionen herausgefordert. Laut den damals üblichen Bewertungen ging er dabei stets als Sieger hervor. Seine Gegner hatten sich oft monatelang, teilweise in Teams, auf solche Debatten vorbereitet, um Buddha in logische Widersprüche zu verwickeln. Sie scheiterten aber immer an der Allwissenheit des Erleuchteten.

Dieser benötigte nicht einmal eine Vorbereitungszeit. Hierzu befragt, antwortete er, dass ein Wagenlenker, der seinen Wagen kenne, sich nicht auf Fragen zu diesem vorbereiten müsse. Selbst bittersten Gegnern jagte Buddha Ehrfurcht und Bewunderung ein. In den Debatten verblüffte er sie durch seine Gelassenheit, bildhafte Vergleiche und unwiderlegbare Erkenntnisse.

Die philosophischen und religiösen Widersacher wagten im Laufe der Zeit immer weniger solche Auseinandersetzungen zu führen, da die buddhistische Gemeinschaft danach noch schneller wuchs. Die gegnerischen Anhänger, die materiellen Förderer, die Schüler und sogar die Führer nahmen häufig komplett die Lehre des Siegers an. Das Charisma und die unüberbietbare Logik Buddhas spiegeln sich in den überlieferten Schriften wider. Die hinduistische Religion stellt ihn heute mit ihren Göttern auf eine Stufe.

Es gab nie wieder einen Menschen (außer eventuell Padmasambhava), der Buddhas Wortgewalt, Analysefähigkeit, Intelligenz, Weitsicht, Mitgefühl besaß bzw. besitzt. Die Qualitäten der damals lebenden Person und des als Buddha bezeichneten Wesens sind für einen konventionellen Verstand nicht einmal wirklich erfassbar.

In der Gegenwart dürfte der XIV. Dalai Lama der bedeutendste spirituelle Gelehrte sein. Er verfügt über die Fähigkeit, die kompliziertesten Sachverhalte so einfach darzustellen, dass selbst weniger gebildete Menschen die zentralen Punkte erfassen. Die Universitäten wetteifern inzwischen darin, ihm Doktorhüte zu verleihen. Er hat nicht einmal ausreichend Zeit, diese alle entgegenzunehmen und ist inzwischen der Inhaber der meisten Doktortitel. Das spricht sicher für sich.

Je intensiver man sich also mit dem Leben und der Lehre Buddhas beschäftigt, umso klarer wird, wie logisch und in sich schlüssig die Lehren Buddhas sind. Die Gelehrten der heutigen Welt und ihre Zeitgeistphilosophen sind dagegen schon morgen vergessen. Wozu sich also mit diesen lange beschäftigen?

Buddhas Lebensweg zeigt uns auch, was wir spirituell erreichen können und wie wertvoll somit eine menschliche Geburt sein kann. Unser Leben ist also eine besondere Gelegenheit, die es zu nutzen gilt. Verschwenden wir es lieber nicht mit Geschäftigkeit ohne wirkliche Essenz.

Buddha wies darauf hin, wie wichtig es ist, die kurze Lebenszeit sinnvoll zu nutzen und nicht mit müßigen Dingen oder Fragestellungen zu vergeuden. Hierzu möchten wir *Das Gleichnis des von einem Pfeil Getroffenen* vorstellen:

Gleichwie etwa, Malunkyaputto, wenn ein Mann von einem Pfeile getroffen wäre, dessen Spitze mit Gift bestrichen wurde, und seine Freunde und Genossen, Verwandte und Vettern bestellten ihm einen heilkundigen Arzt; er aber spräche:

'Nicht eher will ich diesen Pfeil herausziehen, bevor ich nicht weiß, wer jener Mann ist, der mich getroffen hat, ob es ein Krieger oder ein Priester, ein Bürger oder ein Bauer ist'; er aber spräche:

'Nicht eher will ich diesen Pfeil herausziehen, bevor ich nicht weiß, wer jener Mann ist, der mich getroffen hat, wie er heißt, woher er stammt oder hingehört': er aber spräche:

'Nicht eher will ich diesen Pfeil herausziehen, bevor ich nicht weiß, wer jener Mann ist, der mich getroffen hat, ob es ein großer oder ein kleiner oder ein mittlerer Mensch ist'; er aber spräche:

'Nicht eher will ich diesen Pfeil herausziehen, bevor ich nicht weiß, wer jener Mann ist, der mich getroffen hat, ob seine Hautfarbe schwarz oder braun oder gelb ist'; er aber spräche:

'Nicht eher will ich diesen Pfeil herausziehen, bevor ich nicht weiß, wer jener Mann ist, der mich getroffen hat, in

welchem Dorf oder welcher Burg oder welcher Stadt er zu Hause ist'; er aber spräche:

'Nicht eher will ich diesen Pfeil herausziehen, bevor ich den Bogen nicht kenne, der mich getroffen hat, ob es der kurze oder der lange gewesen'; er aber spräche:

'Nicht eher will ich diesen Pfeil herausziehen, bevor ich die Sehne nicht kenne, die mich getroffen hat, ob es eine Saite, ein Draht oder eine Flechse, ob es Schnur oder Bast war'; er aber spräche:

'Nicht eher will ich diesen Pfeil herausziehen, bevor ich den Schaft nicht kenne, der mich getroffen hat, ob er aus Rohr oder Binsen ist'; er aber spräche:

'Nicht eher will ich diesen Pfeil herausziehen, bevor ich den Schaft nicht kenne, der mich getroffen hat, mit was für Federn er versehn ist, ob mit Geierfedern oder Reiherfedern, mit Rabenfedern, Pfauenfedern oder Schnepfenfedern'; er aber spräche:

'Nicht eher will ich diesen Pfeil herausziehen, bevor ich den Schaft nicht kenne, der mich getroffen hat, mit was für Leder er umwickelt ist, mit Rindleder oder Büffelleder, mit Hirschleder oder Löwenleder'; er aber spräche:

'Nicht eher will ich diesen Pfeil herausziehen, bevor ich die Spitze nicht kenne, die mich getroffen hat, ob sie gerade oder krumm oder hakenförmig ist, oder ob sie wie ein Kalbzahn oder wie ein Oleanderblatt aussieht': Nicht genug könnte, Malunkyaputto, dieser Mann erfahren: denn er stürbe hinweg. (Übertragung von Karl Eugen Neumann. Cūlamālunkya Sutta: Der Sohn der Malunkya I Majjhima Nikaya, Mittlere Sammlung M. 63. (VII,3))

Die Zuflucht

Sehr gute und authentische Erklärungen zu diesem buddhistischen Ritual findet man in den Büchern großer Gelehrter, die Mahamudra erklären. Die Zuflucht gehört zu den *vorbereitenden Übungen*. Genannt sei zum Beispiel das Buch des Karmapa Wangtschug Dordsche: *Mahamudra - Ozean des Wahren Sinnes* oder des Khenchen Könchog Gyaltsen Rinpoche: *Der fünfteilige Mahamudra-Pfad*.

Erst wenn man die wirkliche Natur Samsaras verstanden hat, versteht man auch die Bedeutung der buddhistischen Zuflucht. Deswegen ist es notwendig, sich unmittelbar vor der Zufluchtnahme die Leidhaftigkeit unserer Welt (Samsaras) bewusst zu machen.

Gewöhnlich klammern Menschen Krankheiten, Trennung, Verluste sowie den eigenen Tod aus ihrem Denken aus. Für sie sterben immer nur die anderen. Buddhisten wird sogar vorgehalten, dass sie sich zu viel mit dem Tod auseinandersetzen, was doch nur depressiv mache. Doch das Gegenteil ist der Fall. Wer sich mit dem eigenen Ende beschäftigt, wird sich der besonderen Bedeutung des eigenen Lebens bewusst. Aus dieser Einsicht heraus versucht ein Buddhist es nicht mit sinnlosen Handlungen zu vergeuden. Vielmehr bringt er den Tod und die grundsätzlichen Konflikte der Welt konstruktiv in die Auseinandersetzung mit den eigenen Problemen ein. Das neue Verständnis der Zusammenhänge reduziert die Probleme und Leiden unseres jetzigen Lebens. Wir entwickeln Freude, die Chancen dieses Lebens zu haben. Die Qualität unseres Erlebens steigt und die Probleme (Leiden) werden nicht mehr überbewertet.

Ignoriert man die Kürze und Unsicherheit des Lebens und lebt eine illusionäre Unsterblichkeit, wird man sein Dasein dagegen mit vielen oberflächlichen Beschäftigungen verschwenden. Angeblich bleibt ja noch genug Zeit für Bedeutsames. Mit jedem Zeichen des Alterns steigt jedoch die bewusste und unterbewusste Furcht ins Unermessliche. Das Gefühl, das Leben sinnlos verschwendet zu haben, wächst. Aus dieser Furcht heraus klammern sich einige Menschen im Alter noch intensiver an ihre falschen Vorstellungen und wollen sogar andere bewusst in diesen Untergang mitnehmen.

Andere wiederum wollen mit Operationen oder bunter Garderobe dem körperlichen Verfall trotzen. Das sind aber sinnlose Unterfangen. Glatt gezogene alte Haut bleibt immer alte Haut. Das Erschrecken und die Furcht werden noch schneller steigen, wenn sich nach dieser Maskerade erneut die Zeichen des Alters mehren. Selbst Tabletten und Hormone, die angeblich die Jugend erhalten sollen, fördern am Ende nur Krankheiten, führen zu Krebs und machen die Pharmazeuten und ihre willigen Gehilfen reich.

Wir sollen uns bewusst sein, dass alle Lebewesen dieser Welt ähnliche Leiden erfahren. Phasen der Gesundheit, Jugend und Zufriedenheit sind nur ein Kurzurlaub in dem von Leiden durchzogenen Kreislauf. Eine empfundene Leidlosigkeit ist somit nur eine Illusion von kurzer Dauer. Man muss schon sehr ignorant und selbstsüchtig sein, um angesichts der überfüllten Krankenhäuser, der Millionen Sterbenden, Drangsalierten, psychisch Missbrauchten, Ausgebeuteten, Verarmten, Verlassenen, Geschiedenen und tödlich Erkrankten kein Leid zu erkennen. Es zeugt bereits von erheblicher Ignoranz und Selbstsucht, das (auch nur für Momente) auszuklammern und zu behaupten uns gehe es doch gut in dieser Welt.

Es ist zwar in Ordnung, wenn wir versuchen, uns den Auswirkungen der Leiden und Probleme so gut wie möglich zu entziehen. Man sollte jedoch wissen, dass dies nur kurzfristig möglich ist und mit gewöhnlichen Methoden am Ende nicht gelingen kann. Den von verschiedenen Leiden (Alter, Krankheit, Tod, Trennung usw.) durchdrungenen Lebenskreislauf (Samsara) sollte man durchschauen. Es gibt da keine fremde Macht, die Dich und andere daraus erlöst. Das ist aus buddhistischer Perspektive eine Illusion. In den *zwölf Gliedern des abhängigen Entstehens* erläutert Buddha den erschreckenden samsarischen Kreislauf.

Von der Logik her ist es natürlich sinnvoll, sich dauerhaft den Problemen Samsaras zu entziehen, denn es gibt hier kein wirkliches oder dauerhaftes Glück, allerhöchstens einen Kurzurlaub von den schon wartenden Problemen und Leiden.

Durch die Lehre Buddhas versteht man diese Zusammenhänge. Uns wird so ein Pfad für ein Entkommen aus Samsara gezeigt. Der Dharma beschreibt diesen. Ohne ihn würde man diesen Pfad nicht erkennen. Die Zuflucht steht mit am Anfang des buddhistischen Weges.

Vor jeder Zufluchtnahme sollte zweierlei klar entstehen:

1. Die Erkenntnis (Realisation) der Leidhaftigkeit Samsaras und
2. der Wunsch, dieser dauerhaft zu entfliehen.

Zusammen bildet beides die Voraussetzung für das Gelingen dieses Gelübdes. Eine Zuflucht ohne das Wissen, wozu und warum man diese nimmt, ist absolut wertlos und hat keine Bedeutung.

Üblicherweise stellen sich Buddhisten während des Rituals drei Zufluchtsobjekte vor: Buddha, Dharma und Sangha. Das dritte Zufluchtsobjekt beweist, dass bereits andere diesen Pfad erfolgreich beschritten haben. Buddha sitzt während der geistigen Visualisierung auf einem flachen asiatischen Thron. Er ist umgeben von vielen Buddhas und Bodhisattvas mit Büchern, die den Dharma symbolisieren. Somit werden alle drei Objekte im Ritual vergegenwärtigt. Der Zufluchtnehmende ist in seiner Vorstellung wiederum von unermesslich vielen Lebewesen aller Welten umgeben. Die komplette Ausstattung des geistigen Bildes (mit Lotos, Löwen, die den Thron tragen, usw.) ist zu Anfang nicht so bedeutsam. Am einfachsten ist es, das Bild von einem Lamrim-Thangka als Beispiel-Vorlage (Zufluchtsfeld) zu nehmen.

Man steht gedanklich vor dieser ruhmvollen Ansammlung, verbeugt sich wirklich oder geistig und nimmt mit dieser grundsätzlichen *Erkenntnis* aus tiefem Herzen Zuflucht. Die

Hände faltet man traditionell wie eine sich öffnende Lotosblüte.

Sprich oder denke dann einfach:

Ich und alle Lebewesen nehmen von jetzt an – bis wir die große Erleuchtung erlangen – Zuflucht zum Buddha, zum Dharma und zur Sangha.

Sofern man Tantra praktiziert, sollte diese Formel noch um das vierte Zufluchtsobjekt, den Lehrer, ergänzt werden.

Mit *großer Erleuchtung* bezeichnet man die Mahayana-Erleuchtung, also eine Erleuchtung, die nicht nur dem eigenen Wohl, sondern dem aller Lebewesen dient. Eine Person, die Hinayana praktiziert, lässt das Adjektiv *groß* weg.

Mit der bewussten Zuflucht wird der buddhistische Pfad betreten. Gleichzeitig ist sie auch die Grundlage, um Bodhicitta zu entwickeln sowie weitere Gelübde abzulegen. Die korrekte Zufluchtnahme zu den drei Objekten macht eine Person zum Buddhisten.

Es ist sinnvoll, über die Bedeutung der Zuflucht immer wieder meditieren, da sie die Grundlage für jede buddhistische Praxis ist. In den Schriften heißt es, dass man den Wert der Zuflucht erst verinnerlicht hat, wenn sich die Haare auf den Unterarmen bei den Worten *Zuflucht, Buddha, Dharma, Sangha* und *Lehrer* aufrichten und die Augen leicht mit Tränen füllen.

Es gibt mehrere Formen. Die oben dargestellte ist die anfängliche. Man nennt sie auch *kausale Zuflucht.* Hier betrachtet man die Zufluchtsobjekte noch immer so, als hätten sie ein Selbst. Dies sollte der Praktizierende aber im Laufe der Zeit verbessern (siehe Kapitel: Die Lehre von der Selbstlosigkeit).

Die Zuflucht ist komplexer und subtiler, als Laien es zu Beginn vermuten. Je mehr Verständnis man für die Selbstlosigkeit entwickelt, desto tiefgründiger wird die Zufluchtnahme. Später nimmt man dann sogar mit einem Verständnis der Selbstlosigkeit zur eigenen zukünftigen Buddhaschaft Zuflucht.

Wenn der Praktizierende eines Tages versteht, dass er, sein Lehrer und Buddha untrennbar voneinander sind, dann ist er dem wirklichen Verständnis mit Sicherheit nahe. Mit diesem subtileren Gewahrsein erfolgt später die Zuflucht. Mehr soll an dieser Stelle nicht ausgeführt werden, da das Buch sich überwiegend an allgemein Interessierte und Anfänger in der buddhistischen Praxis richtet.

Wenn Du Dir weiteren Rat in Schriften holst, greif tendenziell zu Büchern, die von früheren und allgemein anerkannten Autoren stammen, oder zu Texten, die deren Schriften kommentieren. In den Buchempfehlungen am Ende dieser Ausführungen findest Du einige, die sehr nutzvoll sind. Die buddhistischen Zentren bieten überwiegend Werke von Autoren aus ihrer Traditionslinie an. Vergiss niemals die hier dargestellten Grundlagen und bewahre immer einen kritischen Geist. Buddhas Lehre basiert nicht auf Fanatismus und Gefühlen, sondern ausschließlich auf Logik und Wissensanwendung.

Meist überdauert nur das die Zeit, was von wirklichem Wert ist. Viele heutige Bücher verfolgen rein finanzielle Ziele oder bereiten solche vor, indem sie beitragspflichtige Kurse bewerben. Selbst Online-Artikel und Broschüren, die zuerst kostenlos erscheinen, entwickeln manchmal eine ziemlich bittere pekuniäre Dynamik.

Lass Dich also nicht von großen Versprechen, einem „besonderen Charisma des Lehrers", „angeblichem Verständnis Deiner Probleme" oder der „gleichen Wellenlänge" blenden. Solche Schlagworte zielen immer nur auf Dein –verblendetes– Bewusstsein.

Du kannst schon jetzt, ohne eine rituelle Zuflucht vor einem Lehrer genommen zu haben, buddhistisch Zuflucht nehmen, wenn Du es möchtest. Bevor Du dann vor einem Lehrer das Zufluchtsgelübde ablegst, lies sehr aufmerksam das Kapitel zum Finden eines Lehrers. Auch hier kann vorschnell ein falscher Anfang gesetzt werden. Es geht hier nicht um die äußerliche Person, um Sympathie oder ein besonders freundliches Lächeln, sondern um die korrekte Vermittlung des Dharmas durch diesen Lehrer.

Üblicherweise erhält der Zufluchtslama ein einmaliges kleines Dana (Geschenk/Gabe) mit möglichst guter Motivation. Die Zuwendung soll also mit viel Freude sowie Dankbarkeit für den Erhalt der Lehre und ohne Reue erfolgen. Diese

Übungen des Gebens soll gleichzeitig von der Untugend des Geizes befreien. Kleine Gaben sind sicher besser als zu große, die man später bereut.

Man kann allein vor dem Lehrer oder innerhalb einer größeren Veranstaltung die rituelle Zuflucht nehmen. Besprich die Zuflucht ruhig vorher in einem sogenannten *Interview* mit dem ausgewählten Lehrer. Erfrage dabei, wie Du ihn direkt erreichen kannst, wenn Du Fragen hast. Am besten lässt Du Dir seine E-Mail-Adresse oder die Handynummer geben.

Ist ein Kontakt nur über seine *Hauptschüler* möglich, dann sollte man ruhig noch einmal darüber nachdenken, ob nicht ein anderer Lehrer oder ein anderes Zentrum sinnvoller wären.

Da es nur sehr wenige qualifizierte Deutsch sprechende Lehrer gibt, ist manchmal ein Übersetzer notwendig. Falls Du danach das Gefühl hast, an einer falschen Stelle Zuflucht genommen zu haben, ist das nicht so schlimm. Der Praktizierende gibt der jeweiligen Zuflucht selbst ihre Bedeutung und nicht der Lehrer. Er kann immer wieder rituell Zuflucht nehmen, also auch bei anderen/weiteren geeigneten Personen.

Der erste Lehrer, der die rituelle Zuflucht gibt, ist nur in den seltensten Fällen der, den man später als **spirituellen Freund** oder *Hauptlehrer* bezeichnet. Dies wird am Ende derjenige sein, dem der jeweilige Schüler am meisten *korrektes* Wissen zu verdanken hat.

Mir, Dschinpa Losang, wurde zum Beispiel durch einen wunderbaren und sehr qualifizierten Lama die Zuflucht gewährt, doch aus verschiedenen Gründen ist dann ein anderer zu meinem Hauptlehrer geworden.

Das Ziel und der Pfad

Das Ziel buddhistischer Praxis ist die Buddhaschaft oder anders ausgedrückt: Ein voll erwachter Geisteszustand. Man bezeichnet ihn auch als das höchste Nirvana. Diesen Zustand kann jeder erreichen, der die groben und subtilen Behinderungen in seinem Geisteskontinuum (Bewusstsein) beseitigt. Hier unterscheidet man die kleine (persönliche Befreiung) und die große Buddhaschaft mit Mahayana-Motivation.

Den Pfad dorthin weist der Dharma. Dieser wird auch als Medizin bezeichnet. Wer diesen Pfad gehen möchte, praktiziert hier drei Übungen, die sogenannten *Höheren Schulungen*. Allerdings werden diese erst dazu, wenn man sie mit der Entsagung (siehe Begriffslexikon) verbindet. Es handelt sich um die Konzentration, die moralische Disziplin und die Weisheit.

Samsara ist der verblendete jetzige Zustand des Geistes, der uns die Welt erleben lässt. Hingegen ist Nirvana der unverblendete Zustand. Um diesen zu erreichen, muss man die Unwissenheit beseitigen. Nirvana und Samsara sind immer nur in unserem individuellen Bewusstsein zu finden. Sie sind geistige Projektionen.

Gampopa sagte dazu: *Wenn man fragt, aus welchem Grund wir die Buddhaschaft noch nicht erlangt haben, obwohl in uns allen die Essenz zur Buddhaschaft (Buddhanatur) angelegt ist, dann daran, dass wir unter den Einfluss von vier Hindernissen geraten sind. Diese sind die Anhaftung an die Sinnesobjekte dieses Lebens, die Anhaftung an die Freuden der zyklischen Existenz, die Anhaftung an die Freuden des Friedens (im Ruhen der meditativen Konzentration) und die Unkenntnis der*

Methoden der Vervollkommnung der Buddhaschaft. (Gampopa: Juwelenschmuck ...,Tashi 2005, S. 43)

Deswegen haben alle buddhistischen Praktiken das Ziel, diese zu verringern und die damit einhergehenden Verblendungen zu beseitigen. Eine besondere Bedeutung hat dabei die Entwicklung von Bodhicitta, dem Wunsch, die Erleuchtung zu erlangen, um allen Lebewesen wirklich und nicht nur kurzfristig zu helfen. Auf dem weiteren Pfad zur Erleuchtung ist Bodhicitta eine Grundvoraussetzung für diese.

Im Sutra von den vier edlen Wahrheiten erläuterte der Buddha diese Zusammenhänge. Man sagt dazu auch, Buddha drehte das erste Rad der Lehre. Einen wunderbaren Kommentar (Erläuterung) zu den vier edlen Wahrheiten hat der jetzige Dalai Lama geschrieben (siehe Literaturempfehlungen).

Die Buddhaschaft ist für einen gewöhnlichen Geist in ihrer Unermesslichkeit nicht wirklich zu erfassen, weil sie jenseits konventionellen Denkens und nur jenseits der groben Geisteszustände zu finden ist.

Zum Zeitpunkt der Erleuchtung sind oder werden alle Verblendungen beseitigt und der Geist nimmt die Phänomene frei von Unwissenheit wahr. Weilt man noch physisch in Samsara, werden die Phänomene gleichzeitig konventionell und in ihrer wahren Natur (Selbstlosigkeit) wahrgenommen. Ein Buddha nimmt also auf beide Arten gleichzeitig wahr, wenn er physisch in Samsara tätig ist.

Vielleicht erscheint Dir das in diesem Moment schwer verständlich. Dinge sind jedoch nicht deswegen falsch oder nicht-existent, weil man sie nicht versteht. Das Realisieren der Wahrheit hängt von mehreren Faktoren ab. Nur einer davon ist die Intelligenz.

Durch die Erlangung der Buddhaschaft treten auch Leiden generell nicht mehr auf, denn ihre Ursache (die Unwissenheit) ist ja weggefallen. Hieran sieht man, dass der Buddhismus Logik konsequent anwendet. Er ist keine Sache des Glaubens.

Sicher gibt es auch Menschen, die wenig wissen und einfach an Buddha glauben. Buddha hat aber stets die Überprüfung aller Aussagen gefordert. Buddhismus ist zutiefst wissenschaftlich. Ihn aber wiederum nur darauf zu beschränken, würde jedoch bedeuten, sein Hauptziel, das Streben nach Erleuchtung, zu vernachlässigen.

Wer grundsätzlich nicht akzeptiert, dass das Beseitigen von Unwissenheit im Bewusstsein möglich ist, akzeptiert somit auch nicht die Möglichkeit einer Buddhaschaft. Wer die Beseitigung für möglich hält, muss wiederum zugeben, dass damit eine Buddhaschaft – also die komplette Zerstörung von Verblendungen – logisch nicht auszuschließen ist.

Häufig äußern westliche Menschen, sie „glauben" nicht an die Lehren des Buddhismus und an Karma. Gleichzeitig lernen und studieren sie aber, um in Zukunft von den Ergebnissen des Lernens zu profitieren. Sie sparen Geld, gehen zur Gesundheitsvorsorge und unternehmen pausenlos etwas, von dem sie sich später positive Wirkungen versprechen. Sie sind also der festen Überzeugung, dass bestimmte Handlungen positive Auswirkungen zeigen werden, also die Ursachen für die zukünftigen Umstände sind.

In der Lebenspraxis nehmen sie das Gesetz des Karmas in einigen Bereichen ernster als viele Buddhisten. Einige behaupten sogar, es gäbe keinen Buddha und eine Erleuchtung wäre nicht möglich, obgleich sie davon ausgehen, dass Menschen sich positiv ändern können. Sie verstehen nicht, dass sich das logisch widerspricht.

Wichtige Hinweise zur buddhistischen Gestaltung des Lebens und zur Achtsamkeit findet man im *edlen achtfachen Pfad*. Wer Buddhist werden möchte, dem empfehlen wir, diese Ratschläge zur Grundlage der zukünftigen Handlungen zu machen.

Durch ihr Befolgen entwirrt man sich langsam aus den Schlingen Samsaras. Man lebt gesünder, streitfreier und glücklicher. Die Heilslehre soll immer helfen, dieses Leben besser zu führen und die vorteilhaften Folgen unserer heutigen positiven Handlungen zu erkennen. Solche Wirkungen gehen auch über dieses Leben hinaus. Um dies noch besser zu verstehen, sollte man ebenfalls ein klares Verständnis der Karmagesetze entwickeln und diese studieren.

Wie schon erläutert, setzen Buddhisten sich nicht mit den Leiden auseinander, um sich in Trauer zu ergehen, sondern um diese von der Ursache her zu bekämpfen. Die Beschäftigung mit Dharma soll darum Freude bereiten. Sie dient dazu, Probleme aufzulösen.

Durch das zunehmende Verständnis sollte ein Buddhist im Laufe der Zeit heiterer werden. Die Gelassenheit asiatischer Mönche ist ein Beispiel hierfür. Wird man dagegen immer freudloser und verspannter, macht man etwas falsch und sollte diesen Fehler korrigieren.

Nach diesen ersten Ausführungen möchten wir nun einige klärende Hinweise geben, die auf die westliche Situation zugeschnitten sind:

Viele angehende und auch erfahrene Buddhisten üben einfach das, was sie bei den Einweihungen und Belehrungen, an denen sie teilgenommen haben, gehört haben, oder das, worauf sie in den jeweiligen Zentren gerade treffen. Den meisten ist auch klar, dass das Endziel die Erleuchtung ist. Schwieriger dürfte es schon werden, wenn sie erklären sollten, wozu die gerade ausgeübte Praxis auf dem Pfad genau dient und an welcher Stelle des Weges diese Praxis helfen soll. Holt sich ein Einsteiger Rat bei anderen, trifft er im Zentrum häufig nicht auf einen wirklichen spirituellen Meister, sondern nur auf andere Schüler. Das, was er erfährt, kann zuweilen richtig sein, muss es aber nicht.

Da Buddhisten auch mit der eigenen Entwicklung nicht prahlen sollen, schweigen die Wissenden dort oft, während die Unwissenden laut reden.

Buddha erlangte die Erleuchtung durch das *Ansammeln von Verdiensten*. Du solltest genauso wie er vorgehen. Er propagierte dabei den *mittleren Weg*. Das bedeutet, weder Askese noch Luxus oder Faulheit sind geeignete Methoden, um dieses Ziel zu erreichen. Bemühe Dich also kontinuierlich, ohne Dich jedoch zu überfordern. Hier muss jeder seine eigene Balance erkunden.

Die Freude an den eigenen Bemühungen ist ein Gradmesser, ob Du im richtigen Maß praktizierst. Geht sie verloren, macht man etwas falsch. Man sollte zwar den ganzen Tag kontinuierlich üben, aber ruhig und entspannt und ohne Überforderung. Praxis ist Leben und Leben ist Praxis. Man sollte nicht Buddhismus, Arbeit und Familie voneinander trennen. Rutscht die Konzentration ab, sei froh, dass Du es bemerkt hast. Das Wahrnehmen ist sogar ein ein Zeichen von Achtsamkeit.

Vor der Erleuchtung steht das Stadium des Bodhisattvas. Es ist so etwas wie das erste zu erreichende Ziel und die Vorstufe für die Buddhaschaft. Als Charakteristika nennt Gampopa: *Diese sind, dass ein Bodhisattva – ohne von Gegenmitteln abhängig zu sein – natürlicherweise ein sanftes Verhalten von Körper und Rede, einen kaum trügerischen Geist (Bewusstsein) sowie Liebe und Furchtlosigkeit allen fühlenden Wesen gegenüber verwirklicht hat.* (aus Gampopa: Juwelschmuck ..., Tashi 2005, S. 23)

Natürlich ist die Zeit unseres Lebens kurz. Es ist jedoch nicht möglich, die Erleuchtung durch übertriebenes Üben oder Fanatismus zu erzwingen. Das Gegenteil wird dadurch eintreten.

Zwar heißt es in den tantrischen Schriften, dass die Erleuchtung in einem Leben erreichbar ist, doch wird davon ausgegangen, dass der Tantriker schon ein großes Maß an Verdiensten angesammelt hat. Wiederum ist es mit der Praxis von Sutra nicht möglich, in einem Menschenleben die Erleuchtung zu erlangen, sosehr der Einzelne sich auch bemüht. Mit *korrektem buddhistischen* Tantra ist das Ziel – zumindest theoretisch und von der Logik her – erreichbar.

Wie aber sammelt man Verdienste im Sinne der Erleuchtung an? Nun, die grobe Antwort ist einfach: Durch die Ansammlung von Verdiensten und die Anwendung von *Methode* und *Weisheit*. Nach jeder Übung sollte man die Verdienste der (großen) Erleuchtung widmen. Durch die Widmung vermehrt sich dieser Verdienst und wird zu einer Ursache für zukünftige Ergebnisse.

Durch die Ansammlung von Verdiensten aufgrund der Methode- und Weisheitsübung schreitet man also auf dem Pfad voran. Die Praxis der beiden Flügel erfolgt wiederum in verschiedensten Formen. Dies sind Lesen, Hören, Nachdenken, Meditieren, Handeln, Sprechen usw.

Bei den Übungen zur Methode geht es darum, mehr und mehr Bodhicitta zu entwickeln. Beobachte und analysiere also stets, ob Du in der Lage bist, Bodhicitta korrekt durch eine der beiden Methoden (siehe Begriffslexikon und Kapitel: Die zwei

Methoden zur Erzeugung von Bodicitta) zu erzeugen, dieses zu verstärken und alle Übungen wiederum mit Bodhicitta zu durchdringen. Dieses Bodhicitta, das auf einem Verständnis der Zuflucht beruht, sollte Dich motivieren, mehr und mehr Weisheit (Verständnis der Selbstlosigkeit) zu entwickeln, *den edlen achtfachen Pfad* zu üben, die Lehre vom abhängigen Verstehen zu durchdringen und die Bedeutung der *vier edlen Wahrheiten* zu erfassen. Wann immer Du liest, meditierst oder etwas unternimmst, solltest Du hinterfragen, inwiefern der Inhalt zu den beiden Flügeln (Methode und Weisheit) gehört oder deren Entwicklung fördert. Darüber muss immer Klarheit herrschen. Diese Klarheit kannst Du wiederum nur durch *Achtsamkeit* entwickeln. Das Üben *des edlen achtfachen Pfades* hilft, diese zu entwickeln. Du siehst also, dass alles irgendwie miteinander zusammenhängt, voneinander abhängig ist und nicht separat zu praktizieren ist.

Setze alles Wissen immer besser um, steigere dadurch Deine Qualitäten und Fähigkeiten. Gelingt es, ist das ein gutes Zeichen. Sei großzügig, wenn Dir Fehler unterlaufen, und mach einfach weiter. Diese zu erkennen ist gut. Nur so kann man sie beseitigen.

Wenn Du also aus Entsagung heraus Zuflucht nimmst und bewusst die Methode anwendest sowie Weisheit entwickelst, dann schreitest Du mit Sicherheit auf dem Pfad der Erleuchtung voran.

Verschiedene Gelübde sollen helfen, die Achtsamkeit zu vertiefen. Wenn man das eigene Einhalten der Gelübde beobachtet, entwickelt sich noch mehr Achtsamkeit. Dies führt wiederum dazu, dass man die Meditationen und Übungen gezielter und erfolgreicher absolviert. Die Konzentration verstärkt sich und man erfasst die Selbstlosigkeit und deren verschiedenste Aspekte besser und tiefgründiger. Letztendlich wird sie jedoch erst in der Erleuchtung verstanden (realisiert).

Unser tägliches Handeln und Denken verdeutlicht, wie weit wir auf dem Pfad vorangeschritten sind. Man sollte sich hier weder Illusionen hingeben noch enttäuscht oder pessimistisch sein. Dieses konsequente, aber lockere Streben ohne Laxheit ist zu Beginn nur schwer umzusetzen. Doch wenn Du das *Herzsutra* (Weisheitssutra) liest und durchdenkst, wird dies

Deine Entwicklung unterstützen und Dein Verständnis weiter wachsen lassen.

Ein achtsam Praktizierender bemerkt zumeist, dass er recht langsam auf dem Pfad voranschreitet. Dies wird uns besonders bewusst, wenn man die Schriften *37 Stufen auf dem Pfad zur Erleuchtung* u n d *Die zehn Bodhisattvastufen* (Bodhisattvabhumi) studiert. Diese erklären, welche Fähigkeiten ein Bodhisattva haben sollte. Die recht wissenschaftliche Einteilung soll die zu entwickelnden Qualitäten verständlicher machen. Dabei ist der Übergang zwischen den Stufen fließend.

Nur mit dem Ansammeln von Verdiensten und Weisheit ist also eine Erleuchtung möglich. Durch eine ehrliche Selbstanalyse begreifen wir, wie unendlich schwer es ist, beides zu erlangen. Eine solche Erkenntnis verdeutlicht allerdings auch, dass man schon einige Verdienste angesammelt hat und die Selbstanalyse ehrlicher geworden ist. Viele suchen nun nach einem schnelleren Weg. An dieser Stelle wird ihnen die besondere Bedeutung des tantrischen Pfades bewusst. Hierbei sollte man zuerst verstehen, warum buddhistisches Tantra die Entwicklung von Verdiensten beschleunigt.

Im Tantra werden die Übungen zur Methode und Weisheit miteinander verbunden und das Ergebnis (die Erleuchtung) wird bereits einbezogen (vorgestellt). Auf diese Weise beschleunigt sich das Sammeln von Verdiensten sehr stark, natürlich nur bei immer korrekterem Tantra. Auch das ist ein längerer Prozess, trotzdem können sich hier Bodhicitta und Weisheit deutlich schneller entwickeln. Im Prinzip übt man mit Tantra nach samsarischen Konzepten für ein letztlich nicht samsarisches Konzept. Das Endziel, die Erleuchtung, wird meditativ vorweg vorgestellt. Tantra ist zu Beginn nur eine geistige Übung.

Erst ein wirklicher Bodhisattva ist in der Lage, korrektes Tantra zu praktizieren. Deswegen ist es äußerst schwer, einen spirituellen Meister zu finden, der wirklich Tantra praktiziert und der eine *echte* Einweihung geben kann. Er muss dazu also die Realisationen eines Bodhisattvas besitzen. Dass seine Schüler oder andere dies von ihm glauben, ist noch lange kein

Beweis. Schüler haben immer ein Interesse daran, den eigenen Lehrer als etwas Besonderes darzustellen. Wer möchte schon Schüler eines gewöhnlichen Lehrers sein?

Tantra bündelt also alle Voraussetzungen für den Pfad zur Erleuchtung (Achtsamkeit, Ansammeln von Verdiensten, Entwicklung von Weisheit und Methode, Konzentration usw.). Zugleich gibt es uns einen Vorgeschmack auf Nirvana, also auf das, was hinter den Worten, Konzepten und konventionellen Erkenntnissen dieser samsarischen Welt liegt. Es führt scheinbar mühelos dorthin.

Das klingt zwar leicht, aber viele Details sind recht schwierig umzusetzen, da man eine bestimmte Erkenntnisstufe – oder anders gesagt, eine Menge an Verdiensten – benötigt, um überhaupt zu verstehen, was genau man wann tun muss. Auch die meditativen Fähigkeiten müssen ausreichend entwickelt sein.

Jugend und Gesundheit sind dabei sehr hilfreich. Verschiebe also Tantra-Aktivitäten nicht ins hohe Alter. Dann ist es aus vielen Gründen schwierig, sie durchzuführen.

In der Praxis lesen oder singen viele *Tantriker* nur die Sadhanas (Meditationstexte) oder denken allenfalls noch grob den Inhalt der Schriften mit. Dabei erzeugen sie aber nur ein samsarisches Tantra mit Gottheiten, Figuren und Denkmustern, die ein Selbst besitzen. Beschwörend murmeln sie Sanskritausdrücke und plappern 100000 Mantras, deren Bedeutung sie nicht einmal verstanden haben. Das ist traurig und hat nichts mit buddhistischem Tantra zu tun. Auch die wunderschönen öffentlichen Praktiken Hunderter Mönche in tibetischen Klöstern dürften für die meisten der dortigen Sänger kein wirkliches Tantra sein.

Tantra wird nur dann buddhistisch, wenn man zuvor *das Sutra von den zwölf Gliedern des abhängigen Entstehens* versteht und es ebenfalls mit dem *Weisheitssutra* (also einem Verständnis der Selbstlosigkeit) verknüpft. Das Verständnis der Selbstlosigkeit ist eine wesentliche (technische) Voraussetzung zum Nehmen der tantrischen Gelübde und Einweihungen. Vielen ist leider überhaupt nicht bewusst, was das eigentlich bedeutet, oder sie haben ein sehr falsches Verständnis von dieser Auflage.

Das Verständnis der Selbstlosigkeit muss während der gesamten tantrischen Übung aufrechterhalten werden.

Es schweben also keine Buddhas oder Gottheiten (siehe Begriffslexikon) herum. Das sind nur meditative Vorstellungen des eigenen Bewusstseins, die auf dem Gelernten beruhen. Wenn jemand mit leuchtenden Augen etwas anderes erzählt, dürfte er in seiner Meditation eingeschlafen sein und geträumt haben oder ein Märchenerzähler sein. Dazu gäbe es noch sehr viel zu sagen, das führt jedoch hier zu weit.

Im Tantra unterscheidet man eine Vorstellungs- und Vollendungsstufe. In der ersten Phase übt man letztlich nur den Aufbau der selbstlosen tantrischen Welt (der jeweiligen tantrischen Gottheit). Erst in der zweiten Phase beginnen die eigentlichen Übungen. Grundsätzlich ist es *nicht* so wichtig, welche und wie viele Gottheiten (tibetisch: Idam) jemand übt. Jede Praxis des *Anuttarayoga-Tantras* (Mutter-Tantra) kann Dich zum höchsten Ziel führen. Im Zweifelsfall sollte man lieber mit einer einzigen tantrischen Gottheit üben, als durch das Üben mit vielen letztlich keine Praxis wirklich zu realisieren. Das war ein wichtiger Rat des großen Gelehrten Atisha an die Tibeter.

Durch bestimmte, sehr weit fortgeschrittene Techniken in der Vollendungsstufe kann dann ein Bodhisattva am Ende die Erleuchtung erlangen. Auch heute existieren noch Erklärungen zu diesen geheimen Praktiken. Diese können jedoch nur sehr weit fortgeschrittene Personen mit bestimmten Erkenntnissen wirklich verstehen und erfolgreich praktizieren. Selbst wenn jemand karmisch begünstigt ist und solche Belehrungen liest, wird er ohne Erklärungen eines noch fortgeschritteneren spirituellen Meisters, der dann zwingend ein Bodhisattva sein muss, kaum verstehen, was da wirklich zu tun ist.

Die eigenen Handlungen zeigen am besten, wie man voranschreitet. Das Leben und die Handlungen sind der Spiegel Deiner Entwicklung. Wird man durch diese Praktiken und Bemühungen nicht Schritt für Schritt ein besserer Mensch, so war das alles wahrscheinlich nutzlos.

Das liegt nicht an der Lehre, sondern an mangelnden oder falschen Bemühungen oder an zu geringen Verdiensten. Als Egoist oder Gelehrter ohne Bodhicitta oder ohne ein

Verständnis der Selbstlosigkeit kann man Tantra üben, solange man will, und wird keinerlei Ergebnis erzielen. Gelingt es Dir jedoch, Bodhicitta zu entwickeln, so wirst Du mehr erreichen, als Du jemals für möglich gehalten hast.

Vergiss also nicht, es geht im Tantra weniger um das mathematische und wissenschaftliche Verständnis vom Aufbau der jeweiligen Gottheit und deren Umgebung, sondern um die Entwicklung von Weisheit und Methode, das Ansammeln von Verdiensten sowie um die Verstärkung von Achtsamkeit, Konzentration und Bodhicitta. Nebenher sollte man (fast ohne Mühe) ein besserer Mensch werden.

Wenn Du einzelne Abschnitte der tantrischen Sadhanas praktizierst, solltest Du klar verstehen, welchen Aspekt Du mit dem jeweiligen Teil gerade übst.

Die Meditationsfolge des *Lamrim* (siehe Begriffe) hilft Dir in jeder Phase der Entwicklung, den korrekten Pfad nicht zu verlassen. Es ist sehr sinnvoll (besonders in den ersten Jahren), sie mit den anderen Übungen zu verbinden oder nebenher auszuführen. Die Schrift vermittelt den gesamten Sinngehalt des Buddhismus. Dies ist selbst bei den kürzesten Versionen der Fall. (Pabongka Rinpoche, Befreiung in unseren Händen, 1997, S.109) Traditionell wird deswegen vor einer Einweihung des Anuttarayoga-Tantras zuerst der *Lamrim* wiederholt. Viele versäumen diesen Teil aus verschiedenen Gründen, obwohl er bedeutsamer als die eigentliche Einweihung ist.

Zusammenfassung: Als Buddhist versucht man also auf der Grundlage der Lehre Buddhas (Pfad) und im Wissen darum, dass wir Menschen uns ändern können, die eigene Unwissenheit und Verblendung zu reduzieren und letztendlich in der Erleuchtung zu beseitigen (Ziel). Dieses Ziel können wir in einem einzigen Leben mit dem Sutra-Pfad nicht erreichen. Bei einer korrekten Praxis beschleunigt der tantrische Pfad die Geschwindigkeit des Voranschreitens enorm. Motiviert werden Buddhisten dabei vom Mitgefühl (Bodhicitta).

(© Alexander Yakovlev -Fotolia.com)

Die Meditation

Buddha meditierte regelmäßig und erlangte auf diese Weise die Erleuchtung. Er lehrte Mönche und Laien verschiedenste Methoden der Versenkung.

Zu Beginn ist es allerdings sinnvoll, sich bewusst zu machen, worin sich die buddhistische Meditation von anderen unterscheidet und warum sie die eigentliche Königin aller Meditationen ist.

Viele unvollkommene Lehrer, Autoren und Mediatoren locken den naiven Leser oder Zuhörer mit irgendwelchen besonderen Versprechen oder angeblich mystischen, esoterischen sowie übersinnlichen und nicht wirklich beschreibbaren Erfahrungen und Ergebnissen. Manche lassen sich in ihrem Größenwahn dann noch als Meister und Guru bezeichnen oder tarnen das als neuen neuronalen Weg oder als selbst entwickelte Zusammenfassung des Besten aus Buddhismus, Yoga, Wissenschaft usw. Man sollte diesen falschen Versprechungen nicht auf den Leim gehen und lieber diese Ausführungen genau lesen, auch dann, wenn jemand bereits glaubt, den besten Weg oder Lehrer schon zu kennen.

Es gibt in der heutigen reizüberfluteten Zeit nur sehr wenige Personen, die wirklich nennenswerte Meditationsergebnisse vorweisen können. In der Vergangenheit gab es jedoch mehrere. Die heutigen Beschreibungen solcher Resultate basieren immer auf den Erfahrungen der älteren Meister und ihrer historischen Darstellungen. Zu diesen Personen gehört an erster Stelle ein ganz besonderer und weithin anerkannter Fachmann, der Buddha selbst.

Warum aber besaß der Erleuchtete auf dem Gebiet der Meditation mehr Wissen und Erfahrung als alle heutigen und auch vergangenen Lehrer?

Um diese Frage zu beantworten, muss man sich sowohl mit der Person Buddhas sowie seinem Lebensumfeld als auch mit seinen meditativen Erfahrungen auseinandersetzen und daraus logische Schlüsse ziehen.

Das Gebiet des heutigen Indien ist traditionell seit Jahrtausenden eine Region, in der man sich der Spiritualität, Philosophie, Ethik, Esoterik und Religion besonders zuwendet. Wer kennt sie nicht, die Begriffe Kamasutra, Yoga und Meditation? Zur Zeit des Buddhas gab es dort **alle** auch heute bekannten religiösen, esoterischen, philosophischen und yogischen Grundvorstellungen. Sicher werden die meisten Leser zustimmen, dass die Menschen der vergangenen Epochen mehr Zeit mit spirituellen sowie religiösen Handlungen verbrachten und somit umfangreichere Erfahrungen vorzuweisen hatten als die heutige Generation.

Jetzige Lehrer stützen sich auf die in früheren Jahrhunderten entwickelten Yogas, Meditationsanleitungen, das Ayurveda und die monotheistischen oder polytheistischen Vorstellungen. Die wirklichen Gurus (Lehrer) mit tiefgreifenden Meditationserfahrungen lebten in der Epoche Buddhas, grob gesagt zwischen 1000 v. Chr. - 1000 n. Chr.

In der heutigen technikorientierten Zeit leben viele Menschen sehr dem Außen zugewandt. Vom materiellen Wohlstand und von den technischen Neuerungen versprechen sie sich Glück und Zufriedenheit. Zu allem Unglück exportiert der Westen dieses Denkmodell in die ganze Welt und vergrößert so die Zahl unglücklicher Menschen. Dies fördert die Gier nach mehr Besitz und das Aufmessen von Glück mit Einkommen.

Die kontinuierlich steigende Zahl von Menschen, die bei uns im Westen laut Neurologen psychiatrisch erkranken oder auffällig sind, weist jedoch auf das Gegenteil hin. Kürzlich erklärte ein bekannter Psychiater (Dozent einer Universität) im Rahmen einer Studie glatt ein Drittel unserer Bevölkerung jährlich für psychisch krank. Ist es da nicht Zeit, sich von diesen falschen Zielen und Wertvorstellungen, die uns offensichtlich die Lebenskraft rauben, zumindest ein wenig abzuwenden?

Im Gegensatz zu den heutigen Wohlstandsadepten suchten die Lehrer der damaligen Zeit *im Inneren* nach Wegen und neuen Erkenntnissen, um die allgegenwärtigen Lebensprobleme zu meistern. Die Innenkehr durch Meditation erschien ihnen als das sinnvollste Mittel der Problembewältigung.

Buddha erlernte und vollendete die verschiedensten Techniken, also das Handwerkzeug eines Yogi, bei den besten, bekanntesten und berühmtesten Lehrern der damaligen – spirituell ausgerichteten – Welt. Meditieren war Alltag. Die bedeutendsten Lehrer zu seiner Zeit waren Adako Kalamo und Udako, der Sohn des Ramos. Diese beiden Meister waren heutigen Meistern des hinduistisch geprägten Yoga mit Sicherheit überlegen.

Schon vor seiner Erleuchtung drang der zukünftige Buddha durch den Unterricht bei diesen Gurus in Meditationstiefen vor, die kein anderer Yogi damals erreichte. Zuerst lernte er bei Adako Kalamo dessen Meditationssystem. Anschließend vertiefte er sein Wissen in der Schule Udakos. Das von diesem gelehrte System reichte noch *zwei* Stufen über das des Adako Kalamo hinaus. Höhere waren bzw. sind im indischen Yoga nicht bekannt. Nach relativ kurzer Zeit realisierte der begabte Gautama die höchste bekannte Meditationsstufe. Nur Ramos, der Vater des Udako, hatte sie einst vor ihm erreicht. Udako selbst aber nicht. Das verblüffte seinen Lehrer natürlich, der gern selbst das Niveau seines eigenen Vaters erlangt hätte.

Beide Lehrer boten Gautama nach kurzer Zeit die Teilhaberschaft und sogar die Übernahme der jeweiligen Meditationsschulen an. Auf diese Weise erkannten sie seine unvergleichliche Leistung an und versprachen sich natürlich eine noch größere Bedeutung ihrer Schulen durch einen so ungewöhnlichen Lehrer.

Alle heute gelehrten Praktiken und Erkenntniswege in Bezug auf Yoga und Meditation waren Gautama somit schon **vor** seiner Erleuchtung vertraut. Der zukünftige Buddha ging jedoch nicht auf die Übernahme-Angebote seiner Lehrer ein, da er die Erfahrungs- und somit Erkenntnisgrenzen der jeweiligen Meditationssysteme erkannte und aufzeigte. Mit den Anleitungen und Übungen dieser Art war nur Wissen zu gewinnen, das nicht wirklich aus dieser Welt (Samsara) führte und somit begrenzt war. Die Leidhaftigkeit des Daseinskreislaufs mit Alter, Krankheit und Tod konnte man damit nicht überwinden.

Es gibt in nicht-buddhistischen Meditationen somit nichts, was Buddha nicht kannte. Die höchsten Ergebnisse solcher Meditationen stellten für ihn nur eine Zwischenerfahrung dar. Die von ihm nach der Erleuchtung gelehrte Meditation geht darüber weit hinaus.

Auch wenn Vertreter anderer Meditationssysteme die Erfahrungen in bedeutsame Worte wie „Verschmelzung des Geistes mit kosmischer Energie", „Erfahrung der Unendlichkeit" oder „Gotteserfahrung" kleiden, liefern nicht-buddhistische Meditationen immer nur diesseitige, weltliche und somit gewöhnliche Erfahrungen. Das erkannte Gautama. Er sah dies gerade nicht als endgültig an.

Die Erleuchtung bestätigte der Welt, dass er mit seiner Ahnung recht gehabt hatte. Sein Ziel war nicht nur das Gewinnen von Erfahrungen, sondern das Aufzeigen eines Weges, um die ursächlichen Leiden zu besiegen, die das Leben eines jeden Lebewesens bestimmen. Glück und Befreiung von den Problemen können wir nicht in der äußeren Welt finden.

In der Meditation, die zur Erleuchtung führte, realisierte Gautama dann wirkliche Erkenntnisse. Diese sind nur durch seinen *mittleren Weg* und durch keine andere bekannte Meditation erzielbar. Eine Erleuchtung und deren Erkenntnisse gibt es also *nur* durch eine buddhistische Praxis. Ihr Ergebnis überschreitet die Weltlichkeit aller anderen Systeme weit. Das ist der Unterschied zwischen buddhistischen und anderen Meditationen.

Natürlich heißt das nicht, dass andere Übungen vollkommen nutzlos sind und keinerlei Ergebnisse hervorbringen. Diese liegen jedoch erheblich unterhalb der buddhistischen Erleuchtung.

Wer den höchsten Berg besteigen will, wird dieses Ziel nicht erreichen, wenn er immer nur mittelhohe Berge besteigt. Ein Lehrer für Gebirgstouren im Mittelgebirge ist noch lange kein Lehrer für das Hochgebirge. Warum sich also nicht gleich auf einen qualifizierten Lehrer stützen, dessen Leistung von niemandem bezweifelt wird?

Selbst die nicht-buddhistischen Hindus führen Buddha (aufgrund seiner Erleuchtung) als gottgleiche Person in ihrem Kanon auf. Auch andere Religionsführer äußern sich stets voller Ehrfurcht über die Leistungen und Erkenntnisse des *Erhabenen*.

Wenig belesene und unerfahrene Menschen denken bisweilen, dass Buddha so etwas wie ein Gott für die Buddhisten ist oder es eine Frage des *Glaubens* sei, seiner Lehre zu folgen. Buddhismus ist aber keine Frage des Glaubens, deswegen ist er im eigentlichen Sinn auch kein Glaube und Buddha ist für Buddhisten kein Gott oder Ähnliches. Nach westlicher Intention wäre die Lehre mehr eine Wissenschaft, die das Ziel hat, die Natur und die Funktion des Geistes zu offenbaren, damit wir unsere falsche Wahrnehmung der Welt in eine korrekte Wahrnehmung umwandeln. Buddha wäre der führende Professor, der diese Wissenschaft lehrt. Die Erlangung der Erleuchtung wäre die Abschlussprüfung. Wer sie besteht, hat als Student das Ziel erreicht.

Das Leben ist leider zeitlich sehr begrenzt. Deswegen sollten wir uns immer wieder fragen: Sind die unendlichen, oberflächlichen Gespräche mit Freunden oder Bekannten, die Streitereien, die Urlaubsreisen in ferne Länder und die Aktivitäten rund ums Auto wirklich sinnvoll? Welche Bedeutung hat im Angesicht des Todes beruflicher Aufstieg?

Man sollte die kurze Lebenszeit lieber nicht mit so viel bedeutungslosen Dingen vergeuden.

Die buddhistische Meditation hilft, dem eigenen Leben einen Sinn und dem Bewusstsein Weisheit zu verleihen. Sie hilft, das Leben besser zu meistern und die eigenen Qualitäten weiter zu verbessern.

Wenn Du einem Freund vom Buddhismus erzählst und er Dir mit Einwänden kommt wie: „Ich will doch nur entspannen", oder: „Ich bin doch kein Buddhist", oder: „Ich habe keine Zeit", oder: „Es gibt da doch diesen anderen tollen charismatischen Lehrer", oder: „Ich lasse mir nichts sagen, da ich selbst alles weiß", und, und, und, so hat das etwas mit Verblendung (falscher Wahrnehmung) zu tun. Viele halten diesen Stolz sogar für eine gute Eigenschaft. Er beruht jedoch auf einer Überbewertung des Ichs. Das Ich ist aber nichts als eine eingebildete (letztlich fantasierte) Persönlichkeit ohne wirkliche Essenz.

Versuche zu erkennen, wer oder was der *innere Feind* ist. Er gibt sich als Freund, ist aber der Hauptfeind für Deine wirkliche Entwicklung. Kurz: Man sollte sich nicht selbst im Weg stehen.

Personen, die das nicht erfassen, können buddhistische Meditationen nicht durchführen. Ihnen fehlt eine bestimmte Form von Weisheit. Das ist keine Folge fehlender Intelligenz, sondern viele Faktoren spielen hier eine Rolle. Der Buddhismus erklärt dieses unlogische Verhalten mit karmischen Veranlagungen. So kann es durchaus sein, dass jemand zwar die Logik von der Intelligenz her erfasst, sich dann aber doch – selbst gegen die eigene Erkenntnis – unlogisch verhält oder an unlogischem Verhalten festhält. Das ist so wie bei einem Raucher, der klar erkennt, dass sein Verhalten zum Tod führt und trotzdem weiter raucht. Oft geht das mit Gefühlen und den gewohnten Konzepten einher. Da diese natürlich wandelbar sind, dürfte klar sein, dass ein derartiges Gebäude ohne wirkliche Basis ist.

Gehen wir aber im Folgenden davon aus, dass die Darlegungen in Dir Vertrauen erzeugt haben und Dir Buddha als geeigneter Fachmann erscheint, um ihm in das Gebiet Meditation zu folgen. Nun stellt sich Dir sicher die Frage nach den Inhalten und den Techniken.

Den Nutzen, den andere Systeme postulieren (wie Entspannung, Einkehr, Konzentrationszuwachs und Weisheitsentwicklung), wirst Du natürlich ebenfalls in buddhistischen Meditationen erfahren. Doch hier werden solche Ergebnisse nur als Zwischenschritte betrachtet.

Dieser Ratgeber soll ja vor allem einen korrekten Anfang setzen, daher geben wir nun einen fachlichen Überblick über die buddhistische Meditation. Wir hoffen, er hilft Dir bei der groben Orientierung.

Wie alles im Buddhismus sind auch die Meditationen und deren Stufen logisch aufeinander aufgebaut und dienen dem eigentlichen Ziel – der Erleuchtung. Die Zahl der Stufen kann je nach theoretischem System variieren. Sie sind hier in Form von 16 Einsichtserkenntnissen, die aufeinander während der Meditation folgen, geordnet. Diese wiederum setzt man zu den weltlichen Durchschauungen (*lokiya parinna*) und dem Weg der Läuterung (*visuddhi magga*) in Beziehung.

Die Beschreibung der Meditationsstufen orientiert sich also am *zu erlangenden Ergebnis*.

Man sollte vor diesen ungewohnten Begrifflichkeiten nicht erschrecken. Ein Spanier, der nach Deutschland zieht, versteht am Anfang auch nicht die Sprache dieses Landes. Je nach Fähigkeiten und Bemühungen ändert sich die Situation aber im Laufe der Zeit. Einige werden die neue Sprache sogar perfekt und akzentlos erlernen.

16 Einsichtserkenntnisse des Meditationsbereiches

Vorbereitung: Es werden noch keine Einsichtserkenntnisse gewonnen, da es noch an Konzentration in der Meditation mangelt.

Erkenntnis 1: Die eigene Person ist ohne „Selbst" – *dukkha* (Erfahren von Leidhaftigkeit/Gefühle) in Meditation.

Erkenntnis 2: Erfahrung der Kausalität (Karma) – *dukkha* in Meditation.

Erkenntnis 3: Erfahrung der Gestaltung in Gruppen (Phänomene existieren nur in Abhängigkeit) – *starkes* dukkha in Meditation.

Eintritt in den Strom

Nun wird die Wahrheitserkenntnis entfaltet.

Erkenntnis 4: Erfahren des Entstehens und Vergehens der Gestaltungen – *dukkha* in Meditation mit Anhaftungsgefahr.

Erkenntnis 5: Erfahrung der Auflösung der Phänomene (direktes Erfahren des Auflösens der Phänomene; das

Entstehen wird nicht mehr deutlich, da sofort die Auflösung erfolgt).

Erkenntnis 6: Wahrnehmen des Schreckens der Entstehung der Phänomene (also der Gestaltungen/des Entstehens der Wahrnehmung der Dinge und des Selbst im Bewusstsein).

Erkenntnis 7: Wahrnehmen der Gefahr aus Gestaltungen.

Erkenntnis 8: Abwendung von den Gestaltungen (man erkennt die Gefahr, die in den Gestaltungen liegt).

Erkenntnis 9: Erfahrung des Erlösungswunsches von den Gestaltungen (dieser Wunsch entwickelt sich).

Erkenntnis 10: Nachdenken und Reflektieren bisheriger Erfahrungen (der Erlösungswunsch ist nun ausgereift) – *dukkha* in der Meditation ist wieder da.

Erkenntnis 11: Erfahrung des Gleichmuts hinsichtlich der Gestaltungen (die höchste Stufe der Erkenntnis ist hier erreicht; dadurch wird ein Loslassen aller Gestaltungen möglich).

Erkenntnis 12: Erfahrung der Anpassungserkenntnis.

Erkenntnis 13: Erfahrung der Reifeerkenntnis

Nun erfolgt der wirkliche Stromeintritt

Erkenntnis 14: Erfahrung der Pfaderkenntnis – sämtliche verbliebene Befleckungen der Verblendungen werden beseitigt.

Erkenntnis 15: Erfahrung der Fruchterkenntnis – hierbei ist Nirvana das Objekt der Meditation.

Erkenntnis 16: Erfahrung der Rückblickerkenntnis – Rückblick auf den Pfad und die Frucht, übrig gebliebene Befleckungen einsehen (Überwindung der Verblendungen durch ihr Gegenteil; Ende des weltlichen Pfades).

!! Kleine Erleuchtung – Nirvana vollendet !!

Durchschauungen, die zu den 16. Meditationsstufen (Erkenntnissen) in Bezug stehen:

Es handelt sich um Einsichten/Realisationen, die man gewinnt.

1. **Vollkommene Durchschauung** des Erkannten: Der Weg zum Erkennen der letzten erfahrbaren Realität reicht von der 1. bis zur 3. (obigen) Meditationsstufe

2. **Vollkommene untersuchende Durchschauung**: umfasst die 4. Meditationsstufe

3. **Vollkommene überwindende Durchschauung**: Reicht von der 5. bis zur 12. Meditationsstufe

4. **Zwischenstufe**: umfasst die 13. Stufe

5. **Überweltlicher Pfad**: reicht von der 14. bis zur 16. Stufe.

Weg der Läuterung, der ebenfalls zu den 16 (obigen) Meditationsstufen in Bezug steht:

1. **Läuterung** der Sittlichkeit: gehört zur Vorbereitung

2. **Läuterung** des Geistes: gehört zur Vorbereitung

3. **Läuterung** der Ansicht: steht in Beziehung zur 1. Stufe

4. **Läuterung** durch Überwinden des Zweifels: steht in Beziehung zur 2. und 3. Stufe

Eintritt in den Strom (ab der 5. Läuterung!) Nun wird die Wahrheitserkenntnis entfaltet.

5. Läuterung durch Wahrheitserkenntnis, was Pfad und Nicht-Pfad ist: steht in Beziehung zur 4. bis 7. Stufe – Überwindung der Ablenkungen, die im Verlauf der Einsichtsmeditation auftauchen

6. Läuterung durch Wahrheitserkenntnis des Pfades: steht in Beziehung zur 8. bis 13. Stufe

der weltliche Pfad wird beendet

7. Läuterung durch die Wahrheitserkenntnis: steht in Beziehung zur 14. bis 16. Stufe

hier werden **Nirvana und die vier edlen Wahrheiten erfahren** (das ist etwas ganz anderes als das logische Verstehen!!)

An den obigen Ergebnisbeschreibungen der Vipassana-Meditation sieht man, wie entwickelt, wissenschaftlich und tiefgründig das buddhistische Meditationssystem ist. Du brauchst die Stufen nicht auswendig zu lernen, jedoch sollte man immer wissen, wohin die Reise gehen soll.

Im Buddhismus gibt es auch andere Systeme. So zum Beispiel das *Tantra*. Da es zum Mahayana gehört, ist dort das Endziel die *große Erleuchtung*. Möchtest Du diese anstreben, kommen zum obigen Vipassana-Meditations-System noch weitere Stufen hinzu.

Wir möchten aber eines noch einmal betonen: *Buddhistisches Tantra* ist nicht mit dem hinduistischen Tantra zu verwechseln. Man sollte niemals verschiedene Dinge in einen Topf werfen und etwas *eigenes* daraus machen. Das geht schief.

Leider sind auch viele Buddhisten nicht sattelfest und vermischen (im guten *Glauben*) zuweilen Vorstellungen von Mystik, Esoterik und Volksreligion. Die bunten Meditationsketten, die bestickten Kissen und die weiten Hosen sehen ja auch originell aus und einige fühlen sich durch diese Utensilien vom Buddhismus angezogen wie von einer Mode. Sie versuchen damit Individualität zu demonstrieren. Das sind jedoch allenfalls Hilfsmittel und Beiwerk, denn es geht im Buddhismus gerade nicht um Äußerlichkeiten.

Die buddhistische Meditation zielt immer auf Methode und Weisheit, also auf das Erringen der Erleuchtung, ab.

Selbst die höchsten Ergebnisse nicht-buddhistischer Systeme reichen also in der obigen Anordnung niemals bis zu deren letzen Stufen. Durch die dortige Beschränkung auf -aus buddhistischer Sicht- weltliche Erkenntnisse (Persönlichkeit, inhärente Existenz, Leidhaftigkeit usw.) lassen sich dort bestimmte Grenzen nicht überschreiten.

Natürlich kann man Yoga-Kurse besuchen oder auch Entspannungsmeditationen machen, ohne die Erleuchtung zu gefährden. Bis zu einem gewissen Grad fördert das sogar die Innenkehr. Es wäre nur falsch zu glauben, dass damit buddhistische Ziele erreichbar sind.

Wer in der heutigen Zeit überhaupt einen Lehrer findet, der schon Erfahrungen in den höheren Stufen besitzt, hat Grund zur Freude.

Der XIV. Dalai Lama meditiert seit seiner Kindheit täglich mehr als vier Stunden nach dem Aufstehen und ist durch seine spezielle Ausbildung wie kein anderer Mensch auch mit dem Wissen des Buddhismus vertraut. Nur wenige haben heute noch die Möglichkeit, auf eine so fundierte Weise Realisationen (wirkliche Weisheitserfahrungen) zu erlangen. Solche Realisationen basieren auf umfassender Kenntnis der Schriften, befähigten Lehrern, Einweihungen, Übertragungen und ausreichend Meditationspraxis. In seinen Schriften gibt der Dalai Lama vielfältige Ratschläge und Hinweise zur Meditation. Es ist sinnvoll, sich neben Buddha auf einen so erfahrenen Meditierenden zu stützen.

Wir haben das Glück, dass er immer wieder Europa bereist und Belehrungen erteilt. Das Geld für eine solche Eintrittskarte ist sicher eine sinnvolle Ausgabe. Da der XIV. Dalai Lama inzwischen das siebzigste Lebensjahr überschritten hat, sollte man die sich noch bietenden Gelegenheiten nutzen.

Wer also genau den buddhistischen Meditationsanweisungen folgt, kann eigentlich nichts falsch machen. Das Hauptproblem sind meist die eigenen mangelnden Fähigkeiten und die gewohnte Ausrichtung unseres Bewusstseins aufs Außen.

Deswegen erlernt man zu Beginn vor allem Aufmerksamkeit, Achtsamkeit, die Innenkehr und das zeitweilige Loslassen von täglichen Problemen.

Durch die Meditationssitzungen wirst Du auch klüger, gelassener, konzentrierter und weiser. Das sind aber nicht wirklich buddhistische Ziele.

Der wirkliche Nutzen dieser Methode besteht in der Verringerung des Leides.

Die buddhistische Meditation ist der richtige Weg, um die Furcht vor den Grundübeln Alter, Krankheit und Tod zu besiegen. Einen Schaden kann man durch die Übungen wirklich nicht erleiden, wenn man entsprechend den Vorgaben meditiert und nicht etwas Eigenes hinzuerfindet oder glaubt, etwas verbessern zu müssen.

Ohne Buddhas Anweisungen zu folgen, wird der Übende keine richtigen Fortschritte machen, da er immer nur auf den groben Bewusstseinsebenen verweilt. Die Erkenntnisse bleiben dann immer weltlich und sind nur ein Teil der gewöhnlichen Konzepte.

Selbst die Gedanken der größten Wissenschaftler basieren auf den Konzepten und Strukturen der gewöhnlichen (samsarischen) Leidenswelt und reichen nicht über diese hinaus. Sie bilden nur ein eigenständiges System innerhalb Samsaras. Man kann sie ein Leben lang studieren, sich erhebliches Fachwissen aneignen und wird am Ende trotzdem mit unbeantworteten Fragen und Ängsten sterben. Ohne buddhistische Meditation kommt man keinen Millimeter auf dem Pfad zur wirklichen Erkenntnis voran.

Die meisten wissen zwar, dass Buddhisten meditieren, aber nicht, was wirklich zu tun ist. Viele Menschen glauben, dass schon die Entspannung buddhistische Praxis sei oder dass sie bei den Übungen irgendetwas Bedeutsames erblicken werden, wenn sie lange genug herumhocken und ihr Bewusstsein dabei ungewohnten Schnickschnack vollführt.

Einige Scharlatane nutzen das kommerziell. Sie verbreiten, dass dies allein schon super sei, und reden den Menschen nach dem Munde. Durch dieses *Lob* glauben diese sich leider auf ihrem Weg bestätigt. Zwar ist es ein individueller, aber nicht der buddhistische Pfad.

Besondere Probleme bereitet vielen Menschen eine *ehrliche Bestandsaufnahme.* Sie stehen sich – durch den gelebten Egoismus – selbst im Wege und halten sich sogar für gute Menschen. Schuld sind immer die anderen. Der andere nervt, hat falsche Ansichten, versteht das nicht … Es war doch nicht so gemeint, warum regt der sich so auf?

Diese Liste könnte unendlich fortgeführt werden. Wer davon nicht ablassen kann, wird wohl keine wirklichen Früchte ernten.

Grob unterscheidet man im Buddhismus drei Personengruppen:

1. Personen untergeordneter Bedeutung: „Jemand (,) der seine Mittel dazu einsetzt, die Freuden Samsaras zu genießen."

2. Personen mittlerer Bedeutung: „Jemand(,) der sich von Samsara abkehrt."

3. Bodhisattvas: „Jemand(,) der zum Wohle anderer wirkt und von Mitgefühl durchdrungen ist. Sanftmütig und niemals zurechtweisend, ohne Trug und Falschheit und voller Liebe gegenüber allen fühlenden Wesen ist ein Bodhisattva." (aus Dashadarmaka-Sutra, (Gampopa: Juwelenschmuck…, Tashi 2005, S. 23- 29)

Wir sollten ehrlich zu uns selbst sein!

Nur durch ehrliche Einsicht kann man sich auf den Weg zu einer höheren Stufe machen.

Um unsere eigene Großzügigkeit gegenüber unseren falschen Handlungen und Motivationen überhaupt zu erkennen und mehr Ehrlichkeit zu entwickeln, sollte man zu Anfang die Achtsamkeitsmeditation üben. Beispiele für ihre Durchführung geben wir am Ende dieses Kapitels.

Wir meditieren grundsätzlich, um *auch schon in diesem Leben* einen Nutzen zu erhalten. Das Empfinden des eigenen Lebens soll besser und nicht schwieriger werden. Die buddhistische Meditation sollte Vorteile bringen, die wir auch wirklich erfahren können.

In diesem Buch beschränken wir uns meist auf Meditationsformen des Hinayana (Sutra), da die Besprechung tantrischer Praktiken an dieser Stelle zu komplex wäre. Tantrische Übungen beziehen Sutra *automatisch* ein.

Wer buddhistisches Tantra üben möchte, sollte *zuvor* buddhistische *Zuflucht* nehmen und Einsicht für das Thema *Selbstlosigkeit* (Leerheit) entwickeln. Danach sollte man die *tantrische Einweihung* bei einem aufrichtigen Lehrer nehmen, am besten beim Dalai Lama oder Karmapa, also Lehrern, die über *jeden* Verdacht der Manipulation von Schülern aus materiellen Interessen erhaben sind. Weiterhin sind noch Teile der *Laiengelübde* einzuhalten bzw. abzulegen. Das sollte gut durchdacht werden. Aus verschiedenen Gründen ist es sinnvoll, so jung wie möglich mit buddhistischem Tantra zu beginnen, jedoch wiederum nicht, solange man bestimmte Voraussetzungen nicht erfüllt. Die folgenden Kapitel führen dazu noch mehr aus.

Bevor jemand mit den Übungen beginnt, sollte er aber wissen, dass man *zwei Hauptformen* der buddhistischen Meditation unterscheidet. In diese lassen sich die meisten Übungen ganz oder teilweise einordnen oder sind mit ihnen verbunden.

Die zwei Grundformen sind die analytische und die verweilende Meditation.

Wer nach der ersten Variante meditiert, untersucht dabei buddhistische Themen wie Vergänglichkeit, Unwissenheit, Zuflucht, Mitgefühl, Selbstlosigkeit usw. Sie soll uns ein *logisches* Denk-, Wissens- und Erkenntnisergebnis erbringen, so etwas wie einen Aha-Effekt zu einem Thema.

Die zweite Form ist die verweilende Meditation. Hier hat der Praktizierende das Ziel, Stärke, Tiefe, Konzentration sowie Ausdauer zu verbessern und seine Ergebnisse in subtileren Bewusstseinsschichten zu verankern. So erfolgt langfristig die Realisation bestimmter Wissensinhalte.

Beide Meditationsformen werden häufig auch miteinander kombiniert, um in kürzerer Zeit ein größeres Ergebnis oder mehrere Ziele gleichzeitig zu erreichen.

Viele Gelehrte und Yogis der verschiedensten Traditionslinien haben Anweisungen, Hinweise und Kommentare zu unterschiedlichen Themen und Praktiken verfasst. Schau sie Dir ruhig einmal genauer an. Es gibt Mahamudra-, Vipassana-, Shunyata-, Zen-Meditationen sowie tantrische Gottheiten-Meditationen. Die Begriffe sind aber nur Bezeichnungen für bestimmte Übungen einzelner Traditionslinien, die sich immer ganz oder teilweise den beiden Hauptformen zuordnen lassen.

Sie sind also *weder besser noch schlechter*, sondern alle bieten die Möglichkeit, buddhistische Realisationen zu erlangen. Dabei gehen sie verschieden vor. Ihr gemeinsames Ziel ist immer die Beseitigung von Unwissenheit. Durch die Übungen können wir immer subtilere Bewusstseinsebenen erreichen. Gampopa schreibt hierzu:

„Wenn man meditative Konzentration nicht übt, dann werden sich auch keine übersinnlichen Wahrnehmungen entwickeln und man ist nicht fähig, den Nutzen der fühlenden Wesen zu bewirken." (Gampopa, Juwelenschmuck, Tashi 2005, S. 197)

Die Ergebnisse der heute in Mode gekommenen Hypnose bestätigen, dass diese Vorgehensweise funktioniert. Bei der Hypnose dringt der Hypnotiseur ebenso in das Unterbewusstsein ein und pflanzt dort Befehle (Suggestionen) ein. Je tiefere Ebenen er erreicht, umso ausgeprägter ist sein Erfolg. Diese eingepflanzten Suggestionen befolgt der Hypnotisierte dann zukünftig so, als wären es seine natürlichen Motivationen, Gefühle und Wertungen. Hypnose und Meditation nutzen also ein ähnliches Prinzip.

Allerdings hängt der Erfolg bei der Meditation von den steigenden *eigenen* Fähigkeiten und nicht von denen einer fremden Person ab. Wer buddhistisch meditieren möchte, benötigt für den Anfang also das Grundwissen zu den Hauptformen der Meditation, ebenso zu den Themen und wie die Sitzungen ablaufen.

Eine sehr bekannte authentische tibetische Anleitung ist der **Lamrim**. Diese ist inzwischen auch im Westen sehr weit verbreitet, sodass Du sie leicht erwerben kannst. In dem Meditationstext findet man sowohl die Themen, deren

Erläuterung und Hinweise zur Meditation. Am Anfang ist es sinnvoll eine längere (da mehr erläuternde) Variante des Lamrim zu benutzen.

Buddhisten empfiehlt dieses Werk folgende Themen: „Meditation über Vergänglichkeit, das Nachdenken über die Übel des Existenzkreislaufs, zusammen mit Karma, dem Gesetz von Ursache und Wirkung, Meditation über Liebe und Mitgefühl, die Lehren über das Erzeugen des Erleuchtungsgeistes". (Gampopa, Juwelenschmuck, Tashi 2005, S. 43)

Wenn Du meditieren möchtest, solltest Du das regelmäßig und mit Freude tun. Versuche Überforderung, Druck und Stress zu vermeiden.

Zu Beginn lodert oft ein starkes Feuer der Begeisterung im Körper. Lass diese Glut lieber gleichmäßig brennen, erhoffe alles und nichts, versuche den Ehrgeiz zu beherrschen, sei aber auch nicht faul.

Bei der buddhistischen Meditation sollte man ein Vorbereitungsritual vorweg absolvieren:

1. Das Zimmer säubern und die Symbole von Buddha aufstellen;

2. Opfergaben zur Vermeidung von Geiz als Verblendung darbringen;

3. Vairochanas Sitzhaltung mit ihren sieben Merkmalen auf einem bequemen Sitz einnehmen und mit positiver Geisteshaltung Zuflucht nehmen; dann Bodhicitta entwickeln;

4. Das Verdienstfeld (Buddhas) visualisieren;

5. Das siebenteilige Gebet sprechen (also mit Übungen und Gebeten oder Mandalas Verdienste ansammeln);

6. Durch Bittgebete an die jeweilige Überlieferungslinie sicherstellen, dass das eigene Bewusstsein neutral und von der Meditation durchdrungen ist (sinngemäß nach Pabongka Rinpoche: Befreiung). Das bedeutet, dass man keine

überwiegend positive oder negative Einstellung zu den vorgestellten Phänomenen mehr hat.

Der Meditierende sollte bequem sitzen, notfalls mit vielen Kissen. Er sollte sich dabei nicht quälen, denn dann vergeht die Freude und Schmerzen kommen auf. Das ist kontraproduktiv.
Die alten Meister sagen, dass kurze Meditationen (z.B. nur fünf Minuten) am Anfang ausreichend sind. Der ideale Sitz ist die 7-Punkte-Meditationshaltung, auch Vajrasitz genannt. So saß Buddha bei der Erleuchtung. Für junge und gelenkige Menschen ist sie – auch ohne Schmerzen – im Laufe der Zeit durchaus erreichbar. Ist ein Übender schon älter, sollte er die Bequemlichkeit des Sitzes in den Vordergrund stellen.
Ein gerader Rücken erleichtert die Meditation. Man kann ihn mit Kissen, Decken oder einer Lehne stützen. Es ist aber auch möglich, auf einem Stuhl oder Hocker sehr gerade zu sitzen. Man kann aber auch mit verschränkten Beinen auf dem Sofa sitzen. Der weiche Untergrund belastet die Knie nicht und der Rücken hat eine Stütze. Das ist bei längeren Sitzungen besonders wichtig, da Schmerzen ablenken und kontraproduktiv sind. Zum Vairochana-Sitz bei der tantrischen Meditation gibt es sehr genaue Anweisungen. Diese kann man bei Pabongka Rinpoche (siehe Buchempfehlungen: Befreiung in unseren Händen) im Kapitel zur Meditation nachlesen, wenn man buddhistisches Tantra üben will.
Wer besonders gut sitzt – in buddhistischen Zentren fast ein Statussymbol –, ist aber noch lange kein Meister der Meditation, oftmals mehr ein Meister des Ertragens von physischem Schmerz.
Ein Kennzeichen guter Konzentration ist, wenn im Laufe der Zeit durch die meditative Innen-kehr ein Gefühl von Friedfertigkeit und Bedeutungslosigkeit der normalen Welt entsteht. Auch den fehlerhaften Dualismus von Außen und Innen empfindet man nun als deutlich geringer. In einem solchen Moment entsteht der Wunsch, diese Harmonie länger zu genießen.
Machst Du im Moment andere Erfahrungen?

Das ist nicht so schlimm, mache einfach weiter und versuche die Konzentration langsam zu steigern und dabei die Richtung zu finden.

Während der Meditation erfahren wir immer nur **Reaktionen des eigenen Bewusstseins**. Es heißt, dass man den Geist reiten soll, denn eigentlich reitet dieser zuvor uns. Das wird jedem beim Meditieren sehr schnell bewusst. Obwohl man strikt an ein Thema denken möchte, findet man sich schon bei der Vorbereitung des Abendessens, bei einem Problem oder sonst wo. Man sagt, der Geist (das Bewusstsein) hüpft wie ein Affe von Ast zu Ast. Er ist ein Meister der Ablenkung und sucht sich immer neue Nebenschauplätze.

Wie eine Meditation wirklich sein sollte, hat Padmasambhava, den man auch als Guru Rinpoche oder als zweiten Buddha bezeichnet, beschrieben. Sie sollte wie ein tief in den Boden gerammter goldener Speer sein, fest und unerschütterlich.

Es ist sinnvoll, die Übungen in den üblichen Tagesablauf einzubetten.

Das Retreat

Retreats sind Übungen in Zurückgezogenheit, um durch intensive Praxis schneller Realisationen zu erlangen. Inzwischen gibt es viele authentische Anleitungen in unserer Sprache dazu.

Ein solches Auskoppeln aus weltlichen Angelegenheiten ist ausgezeichnet, um ausgiebig zu meditieren und Einsichten zu erlangen. Es kann tatsächlich einen Schub bewirken.

Häufig werden Retreats in den buddhistischen Zentren in Europa, aber auch in Asien durchgeführt. Die Durchführung in einer Gemeinschaft kann die eigene Entwicklung erheblich beflügeln.

Man benötigt Zeitfenster zwischen drei Wochen und drei Jahren – und als Europäer meist auch eine Menge Geld, da in den Zentren oft nach Tagessätzen abgerechnet wird. Beides stellt ein erhebliches Hindernis für unvermögende Einsteiger dar. Zudem sind Menschen im Westen zumeist sehr tief in gewöhnliche Belange (Arbeit, Freunde, Familie, Anerkennung, Lebensplanung) verstrickt. Sie träumen dann Jahre und sogar Jahrzehnte davon, an einem solchen Retreat teilzunehmen, und erhoffen sich davon all das, was sie bisher nicht erzielt haben. Die Schuld an den bisherigen geringen Resultaten schieben sie auf die fehlende Möglichkeit, ein Retreat zu absolvieren.

Beides ist falsch. Es handelt sich um die sogenannte Faulheit des Aufschiebens. Man ist kein besserer Buddhist, wenn man extra nach Asien fliegt, um an einer solchen Veranstaltung teilzunehmen. Die Anbieter dieser Lehrgänge haben durchaus auch finanzielle Interessen und suchen oft mehr nach Sponsoren.

Die asiatische Kultur ist zwar faszinierend, aber ob der Volksbuddhismus wirklich etwas mit korrekter buddhistischer Praxis zu tun hat, kann durchaus hinterfragt werden. Diese dürfte in etwa so viel wert sein wie das sonntägliche Singen in den Kirchen.

Zwar sprechen die Anweisungen vom Zurückziehen in Höhlen oder Waldeinsamkeiten, sie beziehen sich dabei jedoch auf frühere Zeiten. Wenn jemand also keine Möglichkeit hat, im nächsten Jahr ein Retreat durchzuführen, dies aber unbedingt möchte, dann sollte er sich Bedingungen dafür einfach zu Hause schaffen. Er sollte dieses zu seiner Waldeinsamkeit oder Höhle machen.

Das ist viel besser, als nichts zu tun.

Ein Retreat kann man auch neben der Arbeit durchführen. Dann eben ein wenig langsamer. Mindestens eine Sitzung sollte der Übende aber pro Tag durchführen, zwei sind besser, vier optimal. Viele bedeutende Lehrer tun es heute wegen mangelnder Rückzugsmöglichkeiten ebenso.

So manchen stresst auch die ungewohnt enge Gemeinschaft bei den asiatischen Veranstaltungen oder die einfachen Lebensbedingungen belasten ihn. Durch die Nähe zu den vielen Menschen werden einige in der Gruppe sogar krank. Auch der Verzicht auf den gewohnten Luxus kann ein Problem darstellen, so wunderbar diese Erfahrung vom Veranstalter auch dargestellt wird. Manch einer verfügt einfach nicht über die Kraft, längere Zeit puristisch zu leben.

Wir Menschen sind nun einmal karmisch verschieden und Karma ist immer individuell. Buddha verdeutlichte dies immer wieder. Er wandte sich gegen einen gleichmachenden Zwang zum Vegetarismus und zur Askese und empfahl stets den mittleren Weg. Sicher nicht, weil er selbst gern Fleisch aß oder nicht zu Askese fähig war.

Viele vergessen auch, dass ein Retreat *Freude* bereiten soll. Sie führen es ernst wie ein Geschäft oder einen Prüfungsabschnitt durch. Wir Europäer neigen zu hoher Gewissen- und Ernsthaftigkeit. Dies kann der eigenen Entwicklung zum Nachteil gereichen.

Ein Retreat sollte mehr wie ein Urlaub von Samsara betrachtet werden. Man erwirbt neues Wissen, macht Erfahrungen und die Unwissenheit verringert sich.

Was gibt es Schöneres?

Was nutzt zudem ein freudloses, hektisches und oft sehr teures Retreat in einer Gemeinschaft, wenn man es stattdessen ruhig, glücklich, gesund, voller Harmonie und ohne Geldsorgen zu Hause durchführen kann?

Bitte einen Lehrer oder erfahrenen Dharmafreund beim ersten Mal um die Segnungen oder sprich selbst das Herzsutra ausgiebig auf dem Meditationsplatz. Das Retreat sollte möglichst mit einer Feuerpuja abgeschlossen werden. In den Anweisungen steht, dass man dies selbst leisten sollte. Es findet sich schon ein Kamin oder Grill oder ein anderer geeigneter Platz zur Durchführung.

Üblich sind leider bezahlte Massenveranstaltungen geworden, in denen ein erfahrener Lehrer symbolisch die Puja für alle macht. Das ist nur eine Notlösung.

Beschaffe vor Beginn alle Informationen zu einer buddhistischen Feuerpuja und mache sie einfach so gut, wie Du es vermagst. Sicher wird es beim ersten Mal nicht gelingen, alle Utensilien zu beschaffen. Ersetze Fehlendes dann einfach durch Sesamkörner.

Das ist sogar besser, als wenn man mit zwanzig anderen am Feuer sitzt und ein tibetisch sprechender Mönch für Dich unverständliche Gebete murmelt. Eigenes Handeln ist immer von höherem Wert. Entscheidend ist immer die zugrunde liegende Motivation.

Pabongka sagte dazu: „Die Motivation bestimmt alles: Heilsames und Unheilsames; das Heranreifen von Karma zu erwünschten oder unerwünschten Resultaten; die Stärke des Karma und so weiter". (aus: Pabongka: Befreiung in unseren Händen, Diamant Verlag 1997, S. 177)

Es ist aber auch falsch zu denken, die Puja sei bedeutungslos. Das kann man später schnell bereuen, da Zweifel aufkommen, ob das Retreat von Nutzen war und überhaupt zählt. Allein dies könnte erworbene Verdienste zerstören.

Beispiele und Anleitungen

Erste Beispiel

Die erste hier vorgestellte Meditation ist eine Achtsamkeitsmeditation, die vom Buddha selbst stammt. Da der Erleuchtete diese Meditation selbst lehrte, dürfte klar sein, dass sie nicht nur für Anfänger gedacht ist.

Setze Dich bequem, aber mit geradem Rücken hin. Wenn Du willst, nimm zuerst mehrfach Zuflucht, das beruhigt den Geist. Schließe die Augen halb (ganz macht meist müde!) und senke den Blick auf einen Punkt, der sich ein bis zwei Meter vor Dir befindet. Entwickle die Bewusstheit, dass Du diese Übung für Dein hohes Ziel ausführst. Sicher willst Du Deine Qualitäten verbessern, um so anderen ein wirklicher Helfer zu werden (Bodhicitta-Motivation).

Nun beobachtest Du Deinen Atem so achtsam, wie Du es vermagst, während Du mehrfach hintereinander denkst (je nach Fähigkeit/Möglichkeit 5 bis 20 Mal je Zeilenpaar):

In Bezug auf den Körper:

Mir des Einatmens als Einatmen bewusst, atme ich ein.
Mir des Ausatmens als Ausatmen bewusst, atme ich aus.

Wenn ich lang einatme, weiß ich, dass ich lang einatme.
Wenn ich lang ausatme, weiß ich, dass ich lang ausatme.

Wenn ich kurz einatme, weiß ich, dass ich kurz einatme.
Wenn ich kurz ausatme, weiß ich, dass ich kurz ausatme.

Einatmend bin ich mir meines ganzen Körpers bewusst.
Ausatmend bin ich mir meines ganzen Körpers bewusst.

Einatmend wird mein ganzer Körper ruhig und friedvoll.
Ausatmend wird mein ganzer Körper ruhig und friedvoll.

In Bezug auf die Gefühle:

Wenn ich einatme, werde ich ein Gefühl der Freude empfinden.
Wenn ich ausatme, werde ich ein Gefühl der Freude empfinden.

Wenn ich einatme, werde ich ein Gefühl des Glücks empfinden.
Wenn ich ausatme, werde ich ein Gefühl des Glücks empfinden.

Einatmend bin ich mir der Gefühle bewusst.
Ausatmend bin ich mir der Gefühle bewusst.

Einatmend werden meine Empfindungen ruhig und friedvoll.
Ausatmend werden meine Empfindungen ruhig und friedvoll.

In Bezug auf den Geist:

Wenn ich einatme, nehme ich meinen Geist wahr.
Wenn ich ausatme, nehme ich meinen Geist wahr.

Wenn ich einatme, wird mein Geist glücklich und leicht.
Wenn ich ausatme, wird mein Geist glücklich und leicht.

Wenn ich einatme, sammle ich meinen Geist.
Wenn ich ausatme, sammle ich meinen Geist.

Wenn ich einatme, befreie ich meinen Geist.
Wenn ich ausatme, befreie ich meinen Geist.

In Bezug auf die Dharmas:

Wenn ich einatme, werde ich mir der Unbeständigkeit aller Dharmas (Phänomene) bewusst.
Wenn ich ausatme, werde ich mir der Unbeständigkeit aller Dharmas bewusst.

Wenn ich einatme, werde ich mir der Auflösung der Anhaftung bewusst.
Wenn ich ausatme, werde ich mir der Auflösung der Anhaftung bewusst.

Wenn ich einatme, betrachte ich die vollkommene Befreiung.
Wenn ich ausatme, betrachte ich die vollkommene Befreiung.

Wenn ich einatme, betrachte ich das Loslassen.
Wenn ich ausatme, betrachte ich das Loslassen.

Die inhaltlichen Bedeutungen der obigen Verse vertiefen sich mit Deiner Entwicklung. Beziehe später die Selbstlosigkeit – und auch tantrischen Inhalte – in die Abfolge mit ein.
Diese Meditation hilft Dir also *zu jeder Zeit*. Sie ist so etwas wie eine Grundmeditation, eine Basis.
Mit Sicherheit wirst Du hier sehr schnell meditative Erfahrungen (Bilder, Ruhe, Unruhe, veränderte Wahrnehmung, Achtsamkeit) sammeln. Bitte denke nicht, dass diese etwas Besonderes seien. Es sind ganz übliche Erscheinungen der (nach) Innen-kehr, die anfangs ungewohnt ist. Sie entstehen, wenn die Konzentration zunimmt.
Vermeide alles, was mit Stolz zu tun hat. Stolz ist im Buddhismus eine negative Eigenschaft, deren Wurzel wiederum die Selbstsucht ist. Eine korrekte Praxis sollte Dich zu einem immer netteren Menschen machen.

Zweite Beispiel

Meditation zur Erzeugung von Gleichmut (in buddhistischer Bedeutung!)

Ziel: In der Regel teilen wir durch unseren Egoismus die Lebewesen in Gruppen ein. In der einen sind Personen, die uns nahestehen, in der zweiten solche, die wir verabscheuen, und in der dritten neutrale. Diese Einteilung steht unserer Weiterentwicklung letztlich im Weg und hindert uns daran, **Gleichmut** zu entwickeln.

Es handelt sich hierbei um eine überwiegend analytische Meditation, auf deren Ergebnis der Meditierende dann möglichst lange verweilt, um es zu festigen und im Unterbewusstsein zu verankern.

Hierzu sollte man wissen, dass unsere Motivationen häufig auf Verhaltensmustern beruhen, die im Unterbewusstsein verwurzelt sind. Auf diese haben wir mit dem groben Bewusstsein kaum Zugriff. Sie entscheiden aber letztlich schon vor unserem wahrgenommenen Denken darüber, in welche Richtung das Ergebnis tendiert. Es gilt also, hier etwas zu festigen, was der angestrebten Entwicklung zu einem guten Menschen und dem Endziel der Erleuchtung förderlich ist.

Vorgehensweise

Bei der Meditation stellen wir uns verschiedene Personen vor: Vor uns positionieren wir Menschen, die wir besonders mögen. Rechts und links von uns kommen neutrale Wesen, die uns in diesem Leben keinerlei Nutzen oder Schaden gebracht haben, und hinter uns stellen wir einige auf, die wir verabscheuen. Das Gefühl, das wir gegenüber den vor uns Stehenden haben, ist unausgewogen positiv. Das Gefühl, das wir gegenüber den hinter uns Stehenden haben, ist unausgewogen negativ.

Alle drei Gruppen sind jedoch insofern gleich, als sie sich alle nur Glück und kein Leiden wünschen.

Du stellst Dir nun vor, dass Du diesen Lebewesen genau das gibst, was diesen gemeinsamen Wunsch erfüllt. Du behandelst sie alle gleich, denn sie sind letztlich gleich. Nur Deine Gefühle waren verschieden. Durch die Unwissenheit (Verblendung) hast Du auf die Menschen unterschiedlich reagiert. Du hattest nicht beachtet, dass sie alle mit Dir verwandt sind (siehe Kapitel zur Erzeugung von Bodhicitta).

Wenn es Dir gelingt, ein Bewusstsein der *Gleichstellung* bzw. Gleichheit aller dieser Lebewesen zu erzeugen, ohne dass es Gleichgültigkeit ist, so halte es fest und verweile darauf. Tue dies ebenso, wenn Du Dich *allen Lebewesen zugehörig fühlst und gegenüber allen Dankbarkeit empfindest.*

Mache das aber nicht verkrampft. Gleitet Deine Konzentration ab (was normal ist), so führe sie langsam und sachte zurück. Du solltest das nicht erkämpfen und erzwingen, sondern Dich vielmehr an der Erkenntnis/Realisation erfreuen – wie jemand, der eine Arbeit *in einem Nebenfach* schreibt und das Gefühl hat, dass diese gut gelingt. Nimm alles und Dich selbst nicht so wichtig.

Höre auf, wenn Du das Gefühl hast, es klappt gerade **gut**, und mache lieber mehrere kurze als eine zu lange Meditationssitzung. Dadurch soll das Empfinden entstehen, dass Meditation leicht ist und Spaß macht. Man sollte Freude entwickeln, immer wieder zu meditieren, und keine Abneigung.

Dritte Beispiel

Die dritte Übung findest Du im Kapitel zum Bodhicitta. Meditiere die dortige **7-fache Anweisung** durch.

Widme den (Meditations-)Erfolg nach jeder Sitzung dem Ziel, die Erleuchtung zu erlangen. Widme ihn anderen Zielen, wenn Du kein Buddhist bist. Dadurch festigt sich das Ergebnis nochmals und der neu erworbene Verdienst löst sich nicht auf.

Weiße Tara (tantrische Gottheit)

© Svetlana Nikolaeva – Fotolia.com

Die Lehre von der Selbstlosigkeit

Die Lehre von der Selbstlosigkeit ist die zentrale Klammer, welche alle buddhistischen Traditionen miteinander verbindet. Sie ist also der Kern der buddhistischen Lehre.
Das Herzsutra, das auch den Namen *Die Essenz der Erhabenen Vollkommenheit der Weisheit* trägt, beschreibt die Selbstlosigkeit aller Phänomene. Gleichzeitig erklärt die Schrift, wie man auf den Pfaden der Ansammlung (von Verdiensten) und der Vorbereitung üben soll. Vier tiefgründige Anweisungen werden dort erklärt:

1. Form ist leer.
2. Leerheit (Selbstlosigkeit) ist Form.
3. Form ist nichts anderes als Leerheit.
4. Leerheit ist nichts anderes als Form.

Diese Verse bilden zusammen die Grundlage des buddhistischen Verständnisses der Selbstlosigkeit. Nichts ist wirklich so, wie es zur Zeit unserem Geist erscheint. Das individuelle Bewusstsein zaubert seine illusionäre, eigene, karmisch bedingte Welt.
Westliche Neurowissenschaftler, die sich mit dem Thema beschäftigen, bestätigen diese uralte buddhistische Erkenntnis inzwischen auch durch moderne Untersuchungen. Viele Menschen glauben aber trotzdem, dass die Dinge so sind, wie sie ihnen erscheinen. Sie denken, dass sie ein unabhängiges Selbst haben.

Das ist jedoch mit Sicherheit falsch. Eine logische Prüfung zeigt dies schnell: Schon in der Schule lernt jeder, dass die Bilder im Auge auf der Netzhaut kopfüber abgebildet werden. Unser Geist lässt uns dies aber vollkommen anders wahrnehmen.

Einzelne Lichtpixel werden zusammen mit anderen Sinneseindrücken (Geräuschen, Gerüche, Geschmäcker usw.) zu einem künstlichen Ganzen zusammengesetzt und in die eigene Welt als angenehm, unangenehm oder neutral integriert. Diese Empfindungen haben wir ebenso in Bezug auf das vom Bewusstsein erzeugte illusionäre Selbst.

Dies führt dazu, dass wir manche Eindrücke als schön, hässlich usw. bewerten. Kommt es zwischen uns und unseren Mitmenschen zu unterschiedlichen Auffassungen, versuchen viele, die eigene Weltsicht als die einzig richtige darzustellen. Das verdeutlicht einmal mehr die *Selbst-Sucht*. Meist bewerten wir die Vorstellungen höher, die vom eigenen Ich kommen – dabei ist auch dieses Ich bloß eine Vorstellung.

„Rote Röcke sind schön."
„Nein, die gelben sind es!"
„Nein, die gepunkteten sind besonders modern!"

Obwohl jeder nur über Geistiges und individuell Erfahrenes spricht, verteidigt er dies, als wäre es tatsächlich äußerlich, also für jeden gleichermaßen existent.

Bei seiner Erleuchtung erkannte Buddha, dass sowohl Personen als auch Phänomene kein reales Selbst haben. Diese sind also nichts als Projektionen des jeweiligen individuellen Geistes und existieren nur so lange, wie dieses Bewusstsein sie so wahrnimmt. Folglich sind sie von ihm abhängig.

Von westlichen Einsteigern wird dieses Thema häufig nicht verstanden. Vielen Menschen, die kein philosophisches Vorwissen haben, erscheint es auch heutzutage noch neu, obwohl die Erkenntnis nun schon 2500 Jahre alt ist.

In unserer Kultur ist der Glaube an ein Selbst tief verwurzelt. Dies führt zu der bis heute gelebten europäischen Überheblichkeit, die man wissenschaftlich mit Eurozentrismus umschreibt. Die eigenen Vorstellungen werden dabei über die der anderen Kulturen, Religionen, Philosophien usw. gestellt, trotz oberflächlich gelebter Toleranz. Wir Westler wissen es angeblich immer besser.

Dies geschieht automatisch. Ohne ein Verständnis der Selbstlosigkeit ist man jedoch kein Buddhist. Die falsche Vorstellung vom Selbst (Ich) lässt uns auch vor dem Tod Angst haben. Zwar helfen Buddhas Belehrungen zur Selbstlosigkeit, gewisse Zusammenhänge zu verstehen, aber solange wir nicht die Erleuchtung erlangt haben, ist die Illusion von einem (inhärenten) Selbst recht kraftvoll. Wir glauben instinktiv es bestände aus sich selbst heraus und nicht nur in Abhängigkeit von sich pausenlos wandelnden Faktoren.

Umso mehr sollte man sich bemühen, ein immer tieferes Verständnis von der Selbstlosigkeit zu entwickeln. Nur dadurch verliert man die Furcht vor Alter, Krankheit und Tod. Diese zunehmende buddhistische Weisheit ist also die Medizin gegen Angst und Schrecken.

Es gibt nur illusionäre Vorstellungen vom Selbst der eigenen Person. Diese befinden sich im Geist. Alle Erscheinungen und das vorgestellte Ich sind ausschließlich Projektionen des jeweiligen Bewusstseins, das wiederum durch Unwissenheit verblendet ist.

Das Suchen nach sich selbst ist somit eine sinnlose Zeitverschwendung, da die gesehene oder gesuchte Individualität ohne wirkliche Essenz ist. Die wahrgenommenen Parameter und der Geist (bzw. der Geistesstrom/das Bewusstsein) ändern sich unablässig und damit auch die wahrgenommene Person. Auf keinen Fall ist dieses vorgestellte Selbst etwas Statisches.

Daher gibt es mit dem Tod eigentlich nichts zu verlieren als eine geistige Illusion. Grob ausgedrückt geben wir nur einen uns persönlich sehr wichtigen – aber falschen – Gedanken auf, nämlich unsere als Ich empfundene, aber eingebildete unabhängige Identität.

Wozu sich also fürchten?

Wir verlieren kaum mehr als einen Gedanken. Die wahrgenommenen Schmerzen des Körpers sind ein anderes Kapitel, obwohl auch diese ohne Selbst sind und nur vom jeweiligen Bewusstsein wahrgenommen werden. Sie sind somit letztlich genauso illusionär.

Den körperlichen Leiden können wir im Moment nicht wirklich entgehen. Alle, die geboren werden, erfahren diese Schmerzen, denn für sie existiert Samsara in ihrem Bewusstsein.

Der Grad unserer Furcht verdeutlicht die Qualität und die Ergebnisse unserer buddhistischen Praxis. Am Ende unseres Lebens, mit zunehmender Praxis, sollte die Furcht - bei guter Praxis - deutlich geringer werden.

Da die Stunde des Todes ungewiss ist, wäre es sinnvoll, die verbleibende Lebenszeit mit nutzbringenden Bemühungen zu füllen.

Manchmal werden Menschen sogar Buddhisten, weil sie sich hierdurch eine Wiedergeburt des eigenen vorgestellten Selbst erhoffen. Aber die Wiedergeburt ist nicht das Ergebnis eines Glaubens.

Den Kreislauf der Wiedergeburten erklärt Buddha im Sutra von den *Zwölf Gliedern des abhängigen Entstehens*. Man kann glauben, was man will. Das ändert nichts an den karmischen Abläufen. Die jetzige konkrete illusionäre Person wird nicht identisch wiedergeboren. Das meinte Buddha auch nicht, wenn er von den eigenen vergangenen Leben sprach, die er in der Erleuchtung gesehen hatte.

Das grobe – auch selbstlose – Bewusstsein, das die illusionäre Person erschafft, überträgt sich nicht wie eine statische Größe (oder vorgestellte Seele) in ein neues Leben. Die vorgestellte Person (das Selbst) ändert sich ja schon in jedem Moment dieses Lebens. Den meisten ist das eigentlich auch verständlich, da sie früher Baby, Kind und Jugendlicher gewesen sind.

Das grobe Bewusstsein löst sich zum Zeitpunkt des Todes in das subtile Bewusstsein auf. Man könnte auch sagen, der subtile Bewusstseinsstrom verliert die Kraft, den groben zu stützen. Diese Sachverhalte sind mit Worten des groben Bewusstseins schwierig zu beschreiben, da sie ja jenseits von Erfahrungen dieser Ebene liegen.

Der letzte Moment des jetzigen subtilen Geistesstromes wird zum Ausgangspunkt des ersten Momentes des subtilen Bewusstseinsstromes des nächsten Lebens. Aufgrund der karmischen Bedingungen (Verblendungen) erschafft er ein neues grobes Bewusstsein und dieses eine neue illusionäre Person.

Samsara wird somit im Geistesstrom der neuen illusionären Person als Wiedergeburt fortgesetzt.

Da alles Zusammengesetzte (aus Teilen bestehende) ohne Bestand ist und wieder zerfällt, können wir die daraus resultierenden Leiden nicht vermeiden. Das sind unter anderem: Die Leiden der eigenen Geburtsschmerzen, die Leiden der Krankheiten, die Leiden des Hungers, des Durstes, des Alterns, des Getrenntseins von Begehrtem, des Sterbens usw.

Hat ein Übender dieses Prinzip verstanden, wird er eifrig versuchen, Samsara und somit der Wiedergeburt zu entfliehen. Dies versteht man unter **Entsagung**. Der Begriff meint also in seiner buddhistischen Bedeutung nicht das Verzichten auf Dinge, die Freude bereiten, oder das Verschenken des Besitzes, sondern ein geistiges Verständnis, also eine Realisation des unseligen Kreislaufs von Samsara. Damit verbunden ist der Wunsch, diesem zu entfliehen.

Wir fassen noch einmal das Wesentliche zusammen:

Diese Welt (Samsara) erscheint immer nur in dem jeweils wahrnehmenden Bewusstsein. Dieses erzeugt somit seine eigene Welt, *sein Samsara*. Dieses ist somit individuell.

Groß gibt es nicht ohne klein, Rot nicht ohne Grün, Gedanken kommen nicht aus dem Nichts und alle Gegenstände bestehen aus Teilen. Wir Menschen bestehen aus Bestandteilen, unser Bewusstsein besteht aus Bestandteilen, das vorgestellte *Ich* hat Bestandteile und besteht nur durch *Abgrenzung* von anderen Bestandteilen (auch des Bewusstseins). In Samsara besteht also keinesfalls etwas *allein aus sich selbst heraus*, sondern immer *nur in Abhängigkeit* von anderen Teilen, Bestandteilen oder Phänomenen sowie dem jeweiligen Bewusstsein.

Das individuelle Bewusstsein schafft genau diese – somit falsche – Vorstellung. Ein *Tisch* scheint ein eigenständiges Ding zu sein, obwohl er doch nur in dem individuellen Menschenbewusstsein zum Tisch wird. Was ist er für einen Elefanten? Genauso ist es mit der Person und dem vorgestellten Ich.

Manch eine Person hält sich mit vierzig Jahren für jung, vital, nett, aufgeschlossen ... Doch für andere ist diese Person etwas ganz anderes. Ein Jugendlicher hält sie für alt, eine Freundin für eine Besserwisserin, ein Nachbar für unfreundlich ... Wer und wie ist diese Person wirklich? Für jedes Bewusstsein also jemand anders. Es gibt die Person also nur in Abhängigkeit des jeweiligen Bewusstseins.

Mit Logik vertraute Menschen dürften nun verstehen, dass es nur individuelle, von konkreten Gegebenheiten abhängige Gedanken, Illusionen oder Vorstellungen und keine **inhärenten** (aus sich selbst heraus bestehenden) **Phänomene** gibt.

Selbst bei dieser Erkenntnis kommt es leider häufig zu einem Fehler. Es entsteht relativ automatisch eine **nihilistische Bewertung**. Hieraus ziehen viele Menschen die falsche Erkenntnis (Schlussfolgerung), dass es somit „**Nichts**" gäbe. Dadurch würde man aber sofort wieder den Boden des Buddhismus verlassen und glaubt vielleicht noch fälschlicherweise, eine Realisation zu haben. Von dieser inkorrekten Basis zieht man nun weitere Fehlschlüsse. Davor muss man sich hüten.

Da wir ja etwas *negiert* haben, gibt es natürlich eine Grundlage der Negation. Es wäre also falsch zu behaupten, da wäre *Nichts*. **Selbstlosigkeit** bedeutet also *nicht Nichts* und ist *nicht nihilistisch.*

Buddhistische Selbstlosigkeit entfaltet sich also als ein negativer Aspekt eines fälschlich als *inhärent* wahrgenommenen Phänomens. Der Buddha bezeichnete es deswegen *nicht als Nichts*, sondern als ***Nicht-Selbst***. Da steckt als Basis immer noch das negierte Selbst (als Begriff) darin. **Dies muss man vollkommen klar verstehen.**

Bitte merke Dir also: **Selbstlosigkeit bedeutet nicht, dass da Nichts ist, sondern dass die individuelle Wahrnehmung eines Phänomens oder einer Person immer nur in Abhängigkeit von vielen Faktoren erfolgt und somit nicht eigenständig oder von anderen Faktoren unabhängig ist. Die Negation *Selbstlosigkeit* benötigt immer eine negierte Basis.**

Der XIV. Dalai Lama empfiehlt Folgendes: Wenn eine nihilistische Vorstellung in der Meditation über dieses Thema entsteht, sollte man sich ordentlich ins Bein kneifen. Dabei merkt man, dass da kein Nichts ist und findet so zu einer ausgewogeneren Bewertung der Selbstlosigkeit (Leerheit) zurück.

Die zwei Methoden zur Erzeugung von Bodhicitta

Es gibt wunderbare authentische Schriften, die die Bedeutung von Bodhicitta und dessen Erzeugung erklären. Ausführliche Erklärungen findet man einem Text von Shantideva: „Die Lebensweise eines Bodhisattvas" (Bodhisattvacharyavatara) und in den „Sonnenstrahlen des Geistestrainings" von Namkha Päl.

Nur durch Bodhicitta kann man den Weg zur Erleuchtung beschreiten und wirklich Mahayana praktizieren. Bodhicitta ist somit das, was Hinayana und Mahayana voneinander trennt. Ein Praktizierender des Hinayana (Feindzerstörer) ringt in erster Linie um seine eigene Befreiung aus Samsara. Hingegen erstrebt ein Mahayana-Praktizierender die Befreiung *aller Lebewesen*. Da diese von der Zahl her unermesslich sind, spricht man von einem **unermesslichen Vorhaben**.

Man könnte jetzt einwenden, dass es logisch nicht möglich ist, die unendliche Zahl der Lebewesen zu befreien, da deren Zahl ja unendlich ist. Die buddhistische Lehre macht aber gleichzeitig klar, dass die eigentliche Zahl der Lebewesen gleich bleibt. Durch ihr Karma wechseln sie nur ihre Lebensform.

Weiterhin steht beim Bodhicitta – wie bei vielen Handlungen und Meditationen – nicht das Ergebnis im Zentrum, sondern die **Motivation**. Diese geht den Gedanken voraus und ist das, was die Richtung vorgibt. Jemand, der nicht nur für sich, sondern für andere eintritt, handelt moralisch höherwertig. Nur eine solche Person ist in der Lage, bestimmte Motivationen zu entwickeln, die allen Lebewesen dienen und diesen nutzen.

Nur wer eine so hohe ethische Entwicklungsstufe erreicht, kann somit die große Erleuchtung erreichen. Die Entwicklung von Bodhicitta und das Streben nach großer Erleuchtung sind also miteinander verbunden. Je stärker das Bodhicitta, desto intensiver bemüht man sich und desto näher kommt man dem höchsten buddhistischen Ziel.

Tiefere Weisheitserkenntnisse sind also unmittelbar an das Entwickeln von Bodhicitta gekoppelt. Insofern ist buddhistisches Tantra ohne Bodhicitta sinnlos und gleicht dem Betrachten von Wörtern, ohne Lesen zu können. Das buddhistische Tantra (auch Vajrayana genannt) gehört deswegen auch zum *Fahrzeug* des Mahayana.

Wenn jemand also erkennt, warum es gut ist, Mahayana zu praktizieren, und dass es von höherem moralischen Wert ist als Egoismus, dann sollte er von nun an versuchen, Bodhicitta zu erzeugen.

Durch unseren karmisch latenten Egoismus gehört das jedoch zu den schwierigsten Übungen. Den meisten Menschen fällt eine Reflexion der eigenen Persönlichkeit enorm schwer, ebenso die ehrliche Bewertung des eigenen Handelns. Deswegen wird der Buddhismus trotz seiner klaren Logik nicht von jedem verstanden oder angenommen.

Zuweilen halten Menschen so stark an falschen Vorstellungen über die eigene Person fest, dass schon der Gedanke des Zweifelns viele wütend oder aggressiv macht. Sie können ihre Handlungen und Selbstbilder nicht infrage stellen.

Man sollte aber unbedingt verstehen, dass alle erlebten Probleme aus der Überbewertung des eigenen Ichs resultieren.

Wir erlangen recht schnell umfangreiches Wissen, kommen aber trotzdem nicht weiter, weil es uns an *Mitgefühl* mangelt (buddhistische Bedeutung im Begriffslexikon beachten!). Dieses entsteht auch nicht von selbst, sondern man muss es bewusst erzeugen und üben.

Im Wesentlichen haben wir zwei Wege, den Erleuchtungsgeist (Bodhicitta) zu erzeugen. Die **Praxis der 7-fachen Anweisungen** ist für Anfänger leichter als das

Austauschen zwischen sich selbst mit anderen. Diese gehört zu den geheimen Methoden und wurde bis vor wenigen Jahrzehnten noch von Mund zu Mund weitergereicht, da nur fortgeschrittene Praktizierende ihre wirkliche Bedeutung erfassen. Sie ist wirkungsvoller. Zuerst übt man normalerweise die 7-fache Anweisung. Dennoch sollte man beide Methoden genau kennen. Sehr gute Erläuterungen findest Du in dem Buch *Sonnenstrahlen des Geistestrainings* von Namkha Päl.

Neueinsteiger oder wenig mit der Lehre Vertraute denken manchmal beim ersten Lesen oder Hören, dass das alles doch nicht so schwer sei und sie das Gelesene verstehen. Wenn sie dann jedoch längere Zeit praktizieren und auf ihr Anfangsverständnis zurückblicken, können sie darüber lächeln. Es ist ein gigantischer Unterschied, ob man etwas bloß begreift oder realisiert.

Ein Haus brennt und darin ist eine Katze. Wer würde diese retten und dabei sein Leben in Gefahr bringen? Das Flugzeug stürzt ab und es gibt für drei Passagiere nur einen Fallschirm. Was tun?

Viele helfen zwar anderen, doch der eigentliche Gedanke ist auch dabei oft nur die Selbstbestätigung oder eine Bestätigung der Vorstellungen von sich selbst. Auch vordergründig hilfsbereite Menschen sind aus buddhistischer Perspektive weder die besseren Menschen noch werden sie dadurch zu Buddhisten. Auch materielle Geschenke muss man stark bezüglich ihres Nutzens hinterfragen. Zumeist bringen sie nur weitere Probleme. Selbstsucht und die *falsche Vorstellung vom Ich* haben sehr viele Facetten. Aus der Ferne sieht vieles anders aus, als wenn man direkt davor steht.

Schuld an unseren Problemen sind nicht die anderen, sie sind auch nicht unsere Feinde. Der Buddhist weiß, dass sein größter Feind immer bei ihm ist. Seine eigene Vorstellung vom Selbst, seine eigene Verblendung, ist sein wirklicher Feind. Zugleich ist diese die Ursache der Leidenskette. Die Entwicklung von Bodhicitta hilft, diese Illusion und damit die Ursache der Leiden mehr und mehr zu zerstören.

Durch unser fehlendes oder zu geringes Bodhicitta sowie oberflächliches Wissen um die Selbstlosigkeit haben wir alle bisher keine Buddhaschaft erlangt und verweilen noch immer in Samsara.

Wie kann man sagen, die Welt wäre schön, wenn der Vogel den Wurm isst und wir den Vogel essen? Nur weil wir uns für einen Moment gut fühlen, blenden wir die Leiden der Welt aus und erklären sie noch für wunderbar.

Doch bald werden wir alle – unsere Lieben, Eltern, Geschwister, Kinder und Freunde – noch mehr Leiden erfahren. Bisher konntest Du ihnen nicht wirklich helfen. Gewöhnliche Ratschläge und Hilfen sind ziemlich nutzlos, da sie die Ursachen nie endgültig beseitigen. Sie sind allenfalls wie Schmerztabletten bei Krebs. Nur durch die Erleuchtung können wir allen irgendwann wirklich helfen. Dieser kann man ohne Bodhicitta zu entwickeln nicht näher kommen.

Das Training zum **Erzeugen von Bodhicitta** wird nach Gampopa **zweifach** untergliedert:

1. Erzeugen des Wunsches

Dies besteht aus folgenden Elementen:

a) Mitgefühl für die fühlenden Wesen entwickeln

b) Methode und Weisheit ansammeln

c) den Erleuchtungsgeist reinigen

d) acht weiße Handlungen durchführen

e) acht schwarze Handlungen aufgeben

2. Erzeugen des Erleuchtungsgeistes der Anwendung (nach Gampopa)

Dies besteht aus folgenden Elementen:

a) Training des außerordentlichen ethischen Verhaltens

b) Training der außerordentlichen Einstellung

c) Training des außerordentlichen analytischen Wissens

Sowohl die **Methode der 7-fachen Anweisung** als auch die **Methode des Austauschens zwischen sich selbst mit anderen** fasst die **beiden oberen Unterteilungen** zu jeweils einer Übung (Meditation) zusammen. Man erzeugt/realisiert also durch die Anwendung der jeweiligen Methode (egal welcher) am Ende Bodhicitta.

<u>Erste Methode:</u> Die 7-fache Anweisung über die sechs Ursachen und ihr Resultat

1. Erkenne alle gegenwärtigen Wesen als eigene Mütter an. Mach Dir bewusst, dass in unseren unzähligen Leben alle Wesen einmal unsere Mutter waren.

2. Erinnere Dich an ihre große Güte.

3. Entwickle den Wunsch, ihre Güte zu erwidern.

4. Beziehe alle Lebewesen in Deine Güte ein. Entwickle Gleichmut auf buddhistische Weise. Teile die Wesen *nicht* in Gruppen ein, die näher oder ferner von Dir stehen.

5. Entwickle Mitgefühl, also Bodhicitta.

6. Erzeuge in Dir den Wunsch nach Erleuchtung zum Wohle aller Lebewesen.

7. Erzeuge als Resultat den Erleuchtungsgeist (der Anwendung).

Bei diesen Gedanken und der Meditation sollte man wiederum nicht vergessen, dass das Bodhicitta sowie das vorgestellte Ich, die Wiedergeburten und die Lebewesen *kein wirkliches Selbst* haben, sonst wäre die gesamte Praxis erneut nicht buddhistisch.

Wer mehr zu den einzelnen Punkten erfahren möchte, der kann dies im „Gesang der inneren Erfahrung" des III. Dalai Lama mit Kommentaren des XIV. Dalai Lama nachlesen (siehe Buchempfehlungen).

Zweite Methode: Geistestraining (Austauschen zwischen sich selbst und anderen)

Bei der Gliederung des Geistestrainings folgen wir den Ausführungen von Namkha Päl (siehe Buchempfehlungen). Mit unserer Zusammenfassung möchten wir dem Leser einen ersten Überblick geben, worum es in dieser Methode geht und inwiefern sie sich von der ersten unterscheidet.

Eine komplette Erläuterung würde zu einem eigenständigen Buch führen und könnte nicht treffender als die von Namkha Päl sein. Dort kannst Du weitere Details selbst nachlesen. Mit unserer Aufschlüsselung wollen wir Dir den Zugang zum Originaltext erleichtern und einen Überblick verschaffen.

1. Vorbereitende Übungen (zur zweiten Methode!)

a) Eine Menschenexistenz ist selten zu finden.

b) Denke über Tod und Vergänglichkeit nach.

Es ist sicher, dass jeder sterben wird.

Es ist ungewiss, wann man sterben wird.

Wenn man stirbt, kann nur Dharma helfen.

c) Denke über Karma, Ursache und Wirkung nach.

Karma ist gewiss.

Karma vermehrt sich stark.

Karma erschöpft sich nicht.

d) Denke über die verschiedenen Nachteile des Daseinskreislaufs nach.

– Nachteil der Ungewissheit –

1. Der Nachteil, keine Zufriedenheit zu erfahren.
2. Der Nachteil, seinen Körper immer wieder aufzugeben.
3. Der Nachteil, mit einer Geburt immer wieder in den Daseinskreislauf einzutreten.
4. Der Nachteil, dass sich Hohes immer wieder in Niedriges verwandelt.
5. Der Nachteil, keine Freunde zu haben.

2. Übung des Bodhicitta

Für die erste Stufe zur Übung des konventionellen Bodhicitta lies später einmal die Ausführungen von Namkha Päl (Sonnenstrahlen des Geistestraining, ab S. 67) und für die zweite Stufe seine zusätzlichen Unterweisungen. Neben dem konventionellen Bodhicitta gibt es noch das absolute Bodhicitta. Für die Stufen zur Übung des absoluten Bodhicitta lies wiederum Namkha Päl ab S.133.

2.1 Übung des konventionellen Bodhicitta

Bodhicitta ist der einzige Zugang zum Großen Fahrzeug (Mahayana). Konventionelles Bodhicitta übt man in **zwei** Stufen:

Stufe I.: Auf dieser Stufe übt man Bodhicitta unter dem Aspekt, anderen *Nutzen* zu bringen. Diese Übungen unterteilen sich nochmals in:

Austausch zwischen sich selbst und anderen:

1.) Gebe die Selbstsucht auf. Gib einem (dem Selbst) alle Schuld.

2.) Bringe anderen Wertschätzung entgegen. Meditiere, dass alle gütig sind.

und

Übung des Bodhicitta unter dem Aspekt, für andere Nutzen anzustreben:

1.) Mediation der Liebe: Übe Geben und Nehmen.

2.) Meditation des Mitgefühls: Beginne das Nehmen mit Dir selbst. Lass diese beiden (Geben und Nehmen) auf dem Atem reiten.

3.) Übung nach der Meditation und in den Pausen: Drei Objekte, drei Gifte, drei Wurzeln des Heilsamen. Übe dich in allem, was du tust, mit Worten.

Stufe II.: Auf dieser Stufe übt man zum Bodhicitta unter dem Aspekt, Erleuchtung zu erlangen.

Zusätzliche Unterweisungen (in Form der kurzen Erklärung, die lange führt hier zu weit)

Zu Zeiten, da Gefäß und Inhalt an Unheilsamen überkochen, verwandle widrige Umstände in Pflastersteine auf dem Erleuchtungsweg.

2.2 Übung des absoluten Bodhicitta

Auch beim Üben des absoluten Bodhicitta gibt es Unterpunkte. Diese sind:

1. Die Qualitäten der Schüler für diese Unterweisungen.

2. Der geeignete Zeitpunkt für diese Unterweisungen.

3. Die eigentliche Übung des absoluten Bodhicitta

Bodhicitta muss also regelmäßig *trainiert* werden, da es sich äußerst selten spontan vergrößert.

Die oberen Aufgliederungen sollte man sich immer wieder anschauen. Mit der Zeit und zunehmender Praxis wird das Verständnis ihrer Bedeutung größer, die hier nur angerissen werden konnte.

©main au beau papillon bleu et branche d'orchidées blanches: apparence - Fotolia.com

Die zwei Flügel: Weisheit und Methode

Ein Buddhist sollte immer durchdenken, welche Bedeutungen und Auswirkungen seine Handlungen aus buddhistischer Perspektive haben. Dies ist auch ein guter Zeitpunkt, um Mitgefühl (als **Methode** bezeichnet) zu entwickeln. Nutze hierfür eine der beiden Möglichkeiten, die wir im vorigen Kapitel beschrieben haben.

Mit einer solchen Motivation sollte ein Buddhist alles durchdringen. Dabei sollte er jedoch in keinem Moment vergessen, dass alles, was er unternimmt, kein Selbst im buddhistischen Sinne hat, also selbstlos ist. Das gilt für seinen eigenen Geist und ebenso für sein erzeugtes Bodhicitta. Als Synonym für Selbstlosigkeit verwendet man auch den Begriff der Leerheit. Das Verständnis dieser wird als **Weisheit** bezeichnet.

Wer an ein Selbst glaubt, praktiziert kein buddhistisches Sutra oder Tantra, weder Mahayana noch Hinayana, sondern irgendetwas anderes. Dies ist der Grund, warum es in den Schriften heißt, dass richtig Praktizierende äußerst selten zu finden sind. Das dürfte sehr wahr sein.

So simpel es einem Leser gerade erscheinen mag, stets auf beide Flügel (**Methode und Weisheit**) zu achten, so schwer ist dies auf lange Sicht tatsächlich. Der Blick für das Wesentliche geht auch Erfahrenen schnell verloren. Durch immer speziellere und angeblich tiefgründigere Übungen, die viel Detailwissen erfordern, vergisst man leicht die Basis.

Aus dieser Erfahrung heraus lehren alle großen Lehrer, dass es viel wichtiger ist, die Grundlagen zu verinnerlichen, als hochspezialisierte Praktiken zu üben. Das sollte man sich zu Herzen nehmen. Jeder sollte zuerst ein tragfähiges, goldenes Fundament setzen und darauf dann sein Haus errichten. Dadurch erhält das Leben eine ganz besondere Bedeutung im buddhistischen Sinn. Die Person beschreitet dann tatsächlich den korrekten Pfad.

Nimmt man an einer tantrischen Belehrung teil, kann man viel über Utensilien hören, die links oder rechts sind, oder welche Farbe die Augenbraue einer Gottheit hat. Oft erscheinen Zuhörern diese Äußerlichkeiten als sehr bedeutsam.

Bei derartigen Unterweisungen glänzen vor allem die Schüler, die gut im Hersagen solcher Besonderheiten sind. Wer die Äußerlichkeiten exakt kennt, hat noch lange nicht die Feinheiten der eigentlichen Lehre verstanden. Schnell entsteht durch solche Betrachtungen erneut die falsche Vorstellung, die Buddhas und Gottheiten hätten ein Selbst. Hier sollte man *sehr* aufpassen, damit die rechte Sicht nicht wieder verloren geht.

Die Buddhas und Gottheiten haben kein Selbst!

Gleichzeitig sollte man aber nicht in den – schon erwähnten – Fehler des Nihilismus verfallen. Die Selbstlosigkeit hat immer eine Basis, also ein zu verneinendes Objekt. Sie ist ein negiertes Phänomen.

Das ist ein schwieriger Spagat, der immer wieder durchdacht und meditiert werden muss. Genau dieses Verständnis unterscheidet den richtigen von einem „falschen" Buddhisten, der nichts als ein Gläubiger im Sinne eines mystischen Glaubens ist.

Mit einem falschen Verständnis ist jede buddhistische Praxis wirkungslos, auch – oder gerade – das Tantra.

In den alten Schriften heißt es sogar, dass die Erleuchtung schon sicher ist, wenn man jemals über dieses Thema etwas gehört hat, also das Thema der Selbstlosigkeit.

Beginne also stets mit der Zuflucht, dann erzeuge Bodhicitta. Vergiss dieses während der gesamten Praxis nicht und betrachte wirklich alles – auch Dich – als Selbst-los. Vermeide aber den Nihilismus.

So wird die Praxis buddhistisch. Man sammelt Verdienste und Weisheit an und wird goldene Früchte ernten. Der Übende errichtet sein Haus auf einem unzerstörbaren Fundament.

Durch diese gegenseitige **Durchdringung von Methode und Weisheit** wird die Entwicklung von Bodhicitta beflügelt und umgekehrt.

Gleichzeitig reift im Praktizierenden ein Verständnis heran, was Glücklichsein wirklich bedeutet. Hiermit ist kein kurzfristiger Gefühlszustand gemeint, sondern eine geistige Erkenntnis, welche die Leiden verringert. Auch die eigene Unwissenheit und die damit einhergehenden Verblendungen lösen sich auf. Es geht im Buddhismus nicht um Gefühle. Diese sind eng mit dem groben Bewusstsein verbunden und immer Bestandteil der grundlegenden Verblendung (vom Selbst der Person).

Übt jemand auf korrekte Weise auch Tantra, beschleunigt sich seine Entwicklung rasant. Er schreitet zügig auf dem buddhistischen Pfad voran.

Natürlich hat dies auch positive Auswirkungen auf das gesamte Leben. Mehr und mehr wird demjenigen bewusst, dass die Ziele zahlreicher Menschen sehr gewöhnlich sind und einer wirklichen Entwicklung im Wege stehen.

Man muss aber sehr vorsichtig sein, wenn man dies (auch bei guter Absicht) anderen mitteilt. Diese fühlen sich zumeist verletzt, da sie ihre sinnlosen Ziele (Ehre, Ruhm, Anerkennung, Reichtum, berufliches Fortkommen, Freunde) als sehr bedeutsam betrachten.

Jeder kann auch nur entsprechend seiner karmischen Reife voranschreiten und Einsichten entwickeln.

Es ist sinnvoll, die erworbenen Verdienste immer wieder dem Wohl der anderen Lebewesen und der zukünftigen Buddhaschaft zu widmen. Dies wird mit Sicherheit positive Auswirkungen haben. Kennt jemand anfangs noch nicht die rituellen Formulierungen, so soll er das einfach mit eigenen Worten tun.

Der Weg

Inzwischen trifft man in Europa auf buddhistische Zentren verschiedenster Traditionslinien. Die tibetischen sind dabei besonders stark vertreten. Dies liegt daran, dass dieses Volk von den Chinesen aus seiner Heimat zu einem großen Teil vertrieben wurde. Millionen Tibeter starben dabei.

Viele Flüchtlinge wurden in Indien, der Schweiz, in Frankreich, der USA, in Italien, Spanien, aber auch in Deutschland aufgenommen. Die meisten buddhistischen Einrichtungen hier werden von westlichen Mitarbeitern geführt. Deren Verständnis entscheidet, ob in den Zentren authentischer Dharma oder irgendetwas anderes vermittelt wird, ob dort korrekte Lehrer belehren oder sogar abgelehnt werden, ob dort überwiegend Dharmakurse oder dharmaferne Inhalte angeboten werden. Sie entscheiden auch, ob neue Schüler Kontakt und Zugang zu den Lehrern erhalten oder von diesen ferngehalten werden, und ob die dort Lehrenden überhaupt Mitgestaltungsmöglichkeiten haben.

Üblich ist, dass die Lehrer nach den spezifischen Kriterien des jeweiligen Zentrums eingeladen werden und dort Einzelveranstaltungen oder Kurse abhalten. Danach unterrichten diese häufig woanders und finanzieren damit ihr Leben. Einige sind auch spirituelle Leiter oder Berater von solchen Einrichtungen. Manchmal steht aber auch nur deren berühmter Name auf dem Papier und in der Werbung.

Die asiatischen Lehrer haben zumeist Klosteruniversitäten besucht und Abschlüsse, die einem hiesigen Doktorgrad ähnlich sind. Ihr Fachwissen ist zumeist sehr hoch. Dagegen haben die westlichen Kursleiter ihr Wissen meist autodidaktisch erworben und bezeichnen sich deswegen häufig als Schüler oder Beauftragter eines berühmten asiatischen

Lehrers. Im Regelfall haben sie an dessen Kursprogrammen teilgenommen.

In Asien ist es teilweise Tradition, dass nur derjenige lehren darf, der von jemandem dazu autorisiert wurde. Die im Westen lehrenden Lehrer sind in erheblicher Weise von den Organisatoren der Veranstaltungen abhängig. Die Einnahmen aus diesen werden zwischen beiden aufgeteilt.

Je berühmter der Lehrer ist, desto mehr Besucher kommen zu einem Kurs und desto höher sind die Einnahmen. Aus diesem Grund werden gern berühmte Lehrer eingeladen.

Beide Seiten benötigen natürlich zwingend gewisse Geldmittel. Die Zentren, die sich gezielt auf Einnahmen konzentrieren, stehen äußerlich zumeist besser da. Andere, die das in den Hintergrund stellen, haben erhebliche Existenzprobleme und werden manchmal kaum wahrgenommen. Sie drohen in der Bedeutungslosigkeit zu versinken.

Jeder Interessierte wird auf eine dieser Gemeinschaften und deren Mitglieder stoßen. Wir wünschen Dir, dass diese den Buddhismus wirklich repräsentieren.

Hüte Dich aber vor schneller Vereinnahmung und Euphorie, sondern prüfe längere Zeit kritisch. Wir können nicht oft genug wiederholen, dass der Buddhismus keine Sache der Gefühle ist. Du solltest anfangs auch weitere Gruppen besuchen.

Deine Entscheidung ist von erheblicher Bedeutung für den Erfolg der zukünftigen Praxis und ob Du wirkliches Glück findest. Gehe nicht dorthin, wo man erklärt, dass nur diese eine Gruppe den Dharma korrekt interpretiert. Gehe auch nicht dorthin, wo Du Feindschaften erlebst oder wo Du ein Gefühl des Unwohlseins verspürst, wenn Du nicht regelmäßig erscheinst. Meide ebenfalls Orte, wo man Dir zu verstehen gibt, dass es nicht gern gesehen wird, wenn Du andere Zentren besuchst. Besonders vorsichtig solltest Du sein, wo man Dir mit karmischen Konsequenzen oder der Hölle droht, wenn Du Dich nicht an den dortigen Lehrer bindest, oder wo sogar unmoralisches Verhalten als Aufgeben der Anhaftung an Moral dargestellt wird.

Wie Du siehst, ist die Warnliste ist recht lang. Sie beruht jedoch *auf Erfahrungen*. Lass Dich trotzdem nicht abschrecken, denn gute Erfahrungen überwiegen. Man muss nur genauso achtsam wie beim Planen, Bauen und Finanzieren eines Hauses sein.

Wenn man im Internet zentrale buddhistische Begriffe recherchiert, antworten zuweilen sektiererische Vereine an vorderen Stellen. Deren Einstiegsbücher sind oft sogar kostenlos zu erhalten. Das verführt schnell. Auf diese Weise spüren sie Anfänger auf, die noch Begriffsbedeutungen lernen und nachschlagen müssen. Oft werden diese Grundinformationen auch richtig gegeben und schaffen dadurch ein verhängnisvolles Grundvertrauen zur Quelle der Information. Durch den dann folgenden Kontakt und das Einschreiben in immer teurere Lehrprogramme erfolgt dann die Vereinnahmung. Das endgültige Ziel dabei dürfte Dir nun klar sein.

Es ist also wichtig, hier sehr besonnen vorzugehen, denn es sind weniger Menschen durch Vorsicht als durch Leichtsinn zu Schaden gekommen.

Buddha ließ sich bei Entscheidungen niemals von seinen Gefühlen leiten, das solltest Du auch berücksichtigen. Der Buddhismus ist eine Lehre des Geistes und nicht der Gefühle.

Oft steht einer korrekten Bewertung die eigene Anfangsbegeisterung im Weg. Die Mitarbeiter sind doch alle so nett und der Leiter dieser Gruppe mag Dich angeblich besonders. Dies kann blind machen. Logischen Ratschlägen ist man dann schwer zugänglich.

Was spricht jedoch dagegen, dass Du einige Jahre nur ein *Besucher* bist? Stell Dich ruhig nur als solcher im Zentrum vor.

Wenn Du das liest und erschreckt gewahr wirst, dass Du schon vereinnahmt bist, zögere keine Sekunde, Deine falsche Entscheidung mit allen Konsequenzen zu korrigieren. Sei kein Schaf in einer Herde, die für die Schlachtung vorgesehen ist.

Grundsätzlich bieten alle authentischen Traditionslinien korrekte Pfade und haben dies mit vollendeten Praktizierenden bewiesen.

Jede kann dabei auf ganz individuelle Übungen verweisen. Manchmal ähneln sich diese auch. So werden Mahamudra und Tantra in der Gelugpa-, Kagyü-, Nyingma- und Sakya-Tradition mit nur geringen Unterschieden praktiziert.

Es ist nun einmal so, dass mehr als ein Weg zum Gipfel des Berges führt. Wiederum kann man nicht alle Wege gleichzeitig gehen.

Angesichts des hohen Ziels ist unsere Lebenszeit sehr kurz und zudem unkalkulierbar. Auch aus diesem Grund ist eine Entscheidung für eine Traditionslinie sinnvoll. Diese bedeutet aber keinesfalls, dass es Dir nach der Entscheidung verboten ist, andere Zentren zu besuchen oder Einweihungen anderer Traditionen anzunehmen.

Schau Dich ruhig um, aber konzentriere Dich überwiegend auf die Erfahrungen einer Linie. Du kannst auch mehrere Lehrer gleichzeitig haben. Oder glaubst Du wirklich, der Dalai Lama oder die lehrenden Rinpoches hatten nur einen Lehrer aus einer Traditionslinie?

Jeder Wanderer sollte sich einen für ihn geeigneten Pfad aussuchen. Der eine ist in der Lage, einen steilen, kurzen Weg zu beschreiten, ein anderer muss ruhig und gemächlich dem längsten, aber sichersten Weg folgen. Beide erreichen letztendlich den Gipfel und somit das Ziel ihrer Bemühungen, auch wenn die aufgewandte Zeit verschieden ist.

Das inzwischen große Angebot im Westen verwirrt schnell. Zudem heißt es in den jeweiligen Schriften häufig, dass gerade oder nur diese eine Praxis besonders schnell zum Ziel führe. Dennoch können andere Praktiken das Gleiche leisten.

Es ist auch in Ordnung, dass man auch nach seiner Entscheidung Schriften mehrerer Traditionslinien liest oder auch mal deren Praktiken ausprobiert. Das sollte aber keineswegs so sein, als ginge man zwei Wege gleichzeitig. Ein Seitenweg kann manchmal eine Abkürzung des Hauptwegs sein, muss es aber nicht. Man schreitet also schneller voran, wenn man sich für eine Traditionslinie entscheidet. Dies verschafft auch Klarheit.

Inzwischen gibt es für jede Linie so viele übersetzte Schriften, dass wir sie im jetzigen Leben niemals alle bewältigen können. Nach der Entscheidung für eine Linie sollte man keinesfalls auf die anderen herabschauen oder gar die eigene überhöhen. Das widerspräche den buddhistischen Vorstellungen.

Athisa

© robodread – Fotolia.com

Der Lehrer

An Lehrern, die spirituelle Freunde werden könnten, mangelt es an sich nicht.
Buddhistische Schriften weisen auf folgende Vorteile hin, wenn man sich auf einen geeigneten Lehrer zu stützt:

1. Wir machen auf dem Weg zur Erleuchtung echte Fortschritte.

2. Wir erfreuen alle Buddhas.

3. Weder Geister/Dämonen (Symbol für geistige Gifte) noch andere bösartige Einflüsse können uns schaden.

4. Wir überwinden mit Leichtigkeit Fehler und Verblendungen.

5. Unsere Realisationen der spirituellen Ebenen und Pfade nehmen außerordentlich zu.

6. Uns werden niemals (auch zukünftig nicht) spirituelle Freunde fehlen.

7. Wir werden nicht in den niederen Bereichen wiedergeboren.

8. All unsere vorübergehenden und endgültigen Wünsche werden leicht erfüllt.

Wie in allen Religionen werden leider auch Teile der buddhistischen Lehre zur Erlangung persönlicher Vorteile benutzt, obwohl sie dann kein Dharma mehr sind. Auch ein

Lehrer-Schüler-Verhältnis dient manchmal leider finanziellen Zwecken. Natürlich ist der Dharma von unschätzbarem Wert und jeder wirkliche Buddhist hat das auch realisiert. Das heißt jedoch nicht, dass ich als Buddhist, Lehrer, Meister usw. ihn so teuer wie möglich *verkaufe*, um mir Haus, Hof, Luxusautos und Rundum-Bedienung leisten zu können. Man kann von den Schülern nicht heuchlerisch fordern, dass sie an nichts haften sollen, während man als Guru teure Geschenke erwartet.

Das Geben von Dana (buddhistische Gabe) ist von hohem Wert für die Praxis der Freigebigkeit. Wenn aber Dana gepredigt wird, um letztlich Einnahmen zu erzielen, verliert das Geben vollkommen seinen Wert.

Der Grat ist also schmal und für vertrauensvolle Neueinsteiger oft schwer auszumachen. In tantrischen Schriften wird zuweilen der Lehrer aus bestimmten Gründen noch über den Buddha gestellt. Dies aber so darzustellen, um Schüler materiell an sich zu binden, ist wiederum etwas ganz anderes.

Wird in der Gemeinschaft, die Du besuchst, ungewöhnlich viel darüber gesprochen, dass die Bindung an einen Lehrer dringend notwendig ist, so sei achtsam und prüfe besonders kritisch. Um Erleuchtung zu erlangen, muss man also nicht alles verschenken.

Du solltest weiterhin wissen, dass Reichtum im Buddhismus eigentlich ein positives karmisches Ergebnis ist. Zwar gaben Padmasambhava und Atisha sehr viel Gold für die Lehre aus, sie besaßen es aber auch ausreichend und hatten fortlaufende Einnahmen.

Es ist ein Unterschied ob jemand, der gerade über die Runden kommt, seine wenigen Ersparnisse hergibt oder ob ein reicher Mensch, der weiß, dass neues Geld nachfließt, eine größere Summe verschenkt.

Große Gaben haben im Buddhismus eine gewisse Tradition und sollen den Wert des Dharma herausstellen. Doch was eine *große Gabe* ist, hängt von der persönlichen Situation ab. Der große Marpa forderte bei mancher tantrischen Belehrung von seinen Schülern die Hergabe des letzten kranken Zickleins aus ihrem Besitz. Als Gegenleistung erhielten sie den wertvollen Dharma. Zu anderer Zeit versorgte Marpa aber ebenso großherzig seinen mittellosen Schüler Milarepa. Er selbst gab mehrfach seinen gesamten Besitz her, um in Indien wertvolle Schriften und Belehrungen von Naropa zu erhalten. Auch das ist eine spannende Geschichte.

Reiche Geldgeber unterstützen traditionell die Klöster. Leider musste aber so mancher arme Mönch zusehen, wie sein reicher Mitstudent – ohne ans Teilen zu denken – neben ihm seine fette Wurst aß. Das ist leider auch gelebter nichtbuddhistischer Alltag in einer äußerlich buddhistischen Gemeinschaft.

Man muss da genau hinsehen und immer anhand des Dharmas entscheiden, was korrekt ist. Nicht der Buddhismus trägt daran die Schuld, sondern Menschen, die eben handeln, wie es in dieser Welt üblich ist.

Hätte der Erleuchtete sein Essen geteilt?

Wenn Du unsicher bist, frage Dich, wie der Buddha gehandelt hätte. Das erleichtert viele Entscheidungen.

Es ist also sehr gut, wenn man etwas für die Gemeinschaft geben will. Noch besser ist es, wenn man tatsächlich etwas geben kann, und besonders gut ist es, wenn man sein Geld so einsetzt, dass es wirklich Nutzen bringt. Hat jemand wenig Besitz, so sollte er andere Dinge wie Freundlichkeit, Nettigkeit, Fleiß (damit ist kein weltlicher gemeint!) und einen offenen Geist geben. Auf die Höhe sollte es aber nicht ankommen, denn das Wichtigste ist die Motivation. Diese sollte rein sein.

Das größte und wertvollste Geschenk laut den Schriften ist das Geben von Dharma.

Materielle Gaben haben einen geringeren buddhistischen Wert, oft gar keinen. Deswegen sollte sich ein Buddhist vorrangig bemühen, eines Tages Dharma geben zu können.

Wenn jemand aus falschem Verständnis heraus verarmt, erntet er sogar Spott anstelle von Anerkennung.

Ein Lehrer ist auch nicht unbedingt gut, weil seine Schüler ihn rühmen. Denn je größer ein Lehrer anderen Personen erscheint, umso bedeutsamer ist es, einer seiner (engen) Schüler zu sein.

Wir leben eben in Samsara und die als Buddhisten bezeichneten Personen sind meist auch nur gewöhnliche Menschen.

Trotzdem bemühen sie sich oft, ihre Qualitäten zu verbessern. Das ist in der heutigen Zeit, wo viele Menschen fast nur an ihren Äußerlichkeiten arbeiten, schon einmal viel wert.

Neue Schüler haben im Westen oft wenig Möglichkeiten, einen direkten Kontakt mit einem guten Lehrer herzustellen. Häufig kommt noch eine Sprachbarriere hinzu.

Einen korrekt lehrenden Meister zu finden gleicht dem Suchen nach einer Stecknadel im Heuhaufen. Vertrau hier nur Deiner gesunden Urteilskraft und Hinweisen aus den buddhistischen Schriften. Folge nicht dem ersten Moment spiritueller Begeisterung.

Ein Lehrer, der in den verschiedensten Traditionen über jeden Zweifel erhaben ist, dürfte der XIV. Dalai Lama sein. Auch außerhalb der buddhistischen Welt ist er weithin anerkannt. Er ist sogar Friedensnobelpreisträger.

Wenn man zu den Belehrungen geht, die er immer wieder in Europa gibt, wird man automatisch einer seiner Schüler. Ein richtiger Schüler wird man jedoch erst, wenn man die Empfehlungen seines Lehrmeisters auch befolgt. Darum ist es sinnvoll, sie als persönliche Anweisungen zu betrachten. Auch diese sind anhand des Dharmas kritisch zu prüfen. Stimmen sie nicht mit ihm überein, sollte man ihnen nicht folgen.

Buddha forderte nie blinden Gehorsam, sondern stets die Überprüfung. Warum sollte man also auf diese verzichten?

Findet jemand vorerst keinen persönlichen Wegführer, kann er den Buddha und den Dharma als seine Lehrer betrachten. Damit macht man nichts falsch.

Solange Du nicht Tantra praktizierst und noch einen Lehrmeister suchst, betrachte alle bisherigen Lehrer ausschließlich als **Dharmafreunde**. Dagegen sollten sie nichts einzuwenden haben.

Zu seinem *Hauptlehrer* sollte man denjenigen machen, der im Laufe der Zeit am meisten *nutzbares Wissen im Sinne des Dharmas* vermittelt hat. Wähle Deinen Hauptlehrer also danach, wie sehr seine Anweisungen *mit dem Dharma übereinstimmen.* Lasse Dich hier auch wieder nicht von Gefühlen leiten. Es geht nicht um die Freundlichkeit und den Charme eines Lehrers. Das solltest Du nun verstehen.

Führe mit diesem Lehrer einmal ein sogenanntes *Interview* und sage ihm dabei, dass Du Dich inzwischen als sein Schüler fühlst. Frag ihn, ob er Einwände dagegen hat. Seine Antwort wird Dir ebenfalls bei der Entscheidung helfen.

Das Gleiche gilt für das Tantra. Hier heißt es sogar, dass Du *jeden Lehrer* als Buddha betrachten sollst und durch die Initiation ein unzerstörbares Band knüpfst. Wenn Du diesen Lehrer aufgibst, landest Du dem Konzept nach in der Hölle. Lass Dich davon nicht erschrecken, denn Du *übst im Moment nur* und **praktizierst noch nicht wirklich** Tantra.

Die obigen Hinweise beziehen sich also auf Bodhisattvas, die tatsächlich in der Lage sind korrektes Tantra zu machen, und nicht auf gewöhnliche Übende, wie wir es alle zumeist sind.

Es wäre auch wirklich nicht nachvollziehbar, wenn ein echter Bodhisattva seinen spirituellen Meister und den Buddhismus aufgibt, oder? Uns ist kein Beispiel bekannt, wo es das jemals gegeben hat.

Eine Tantra-Einweihung knüpft erst dann ein Band, wenn sowohl Lehrer als auch Schüler sie korrekt gegeben und genommen, miteinander meditiert, *alles verstanden* und *verinnerlicht* haben. Dies dürfte erst eintreten, wenn beide sehr weit fortgeschrittene Praktizierende – somit Bodhisattvas – sind. Der Lehrer sollte zu einer höheren Stufe als der Schüler gehören. Aber solche Gurus und Schüler dürften wirklich sehr selten in der heutigen Welt zu finden sein.

Einweihungen können heutzutage sogar auch gegeben werden, wenn der tantrische Meister bisher nur gewisse Erfahrungen erworben hat. Somit existiert am Anfang allenfalls ein lockeres Bändchen zwischen Dir und diesem.

Auch der Dalai Lama hat sich mehrfach zu diesem Thema geäußert. Einmal sagte er sinngemäß, dass sich manche Schüler bei ihm über ihren Wegführer beklagen, obwohl sie sich den falschen Lehrer doch selbst ausgesucht haben.

Damit macht er deutlich, dass jeder für sich selbst die Verantwortung trägt und darum sehr sorgfältig wählen muss. Dies ist sinnvoller, als hinterher zu klagen. Man muss ein haltbares Fundament errichten, nur so wird man wirkliches Glück erfahren können.

So mancher träumt davon, ein sogenannter Hauptschüler eines berühmten Lama zu werden. Dies kann der eigenen Praxis sogar im Wege stehen.

Tibetische Gelehrte sagen scherzhaft in Bezug auf eine gleichnamige buddhistische Schrift, dass es besser sei, seinen *Guru aus der Ferne (zu) rufen*, als in seiner Nähe zu sein. Durch eine zu große Nähe sieht man sehr schnell gewöhnliche Fehler, denen man eigentlich keine Aufmerksamkeit schenken sollte. Es geht ja eben nicht um Äußerlichkeiten oder Höflichkeiten, sondern um ein ganz anderes Band. Wir hoffen, Du hast dies inzwischen verstanden.

Der Gelehrte Asanga hat die notwendigen Qualitäten eines spirituellen Meisters so zusammengefasst:

1. Sein Geist wird durch die Praxis der moralischen Disziplin kontrolliert.

2. Sein Geist ist durch die Praxis der Konzentration friedlich und unablenkbar geworden.

3. Durch seine Weisheitspraxis hält er am Selbst (Ich) nur locker fest.

4. Sein Wissen ist größer als das seiner Schüler.

5. Er hat Freude daran, den Dharma zu lehren.

6. Seine Schriftenkenntnis ist hoch.

7. Er hat eine tiefe und stabile Realisation der Selbstlosigkeit (Leerheit).

8. Sein Geschick beim Erklären des Dharmas ist groß.

9. Er besitzt Mitgefühl und Liebe für die Schüler.

10. Er lehrt den Dharma begeistert und ist dabei nicht faul oder pessimistisch (in Bezug auf die Schüler).

Je mehr Qualitäten Dein gewählter Lehrer aufweisen kann, umso nutzvoller wird er für Dich sein.
Solange Du Dich auf Buddha selbst stützt und die Belehrungen *spiritueller Freunde* als gute Schulung betrachtest, kannst Du nichts falsch machen. In der Regel findet sich im Laufe der Zeit dann auch der geeignete Meister.

Schlusswort

Es wäre wunderbar, wenn Dir diese ehrlichen Ratschläge geholfen haben, die Grundlagen des Buddhismus besser zu verstehen. Wir wünschen Dir, dass Du wirklich glücklich wirst, Fehler von Anfang an vermeidest und ein goldenes Fundament für Deine zukünftige Praxis errichtest.

Viele Ratschläge erscheinen bei oberflächlicher Betrachtung einfach. Dem ist jedoch nicht so. Ein korrekt Praktizierender weiß, wie hoch der Wert jedes einzelnen Hinweises ist. Wird *nur einer* vergessen und werden die aufgezeigten Fehler nicht vermieden, dürfte die gesamte Praxis wirkungslos bleiben. Auch das Lesen bedeutsamer Werke großer Meister bewahrt leider nicht davor, von der korrekten buddhistischen Praxis abzukommen.

Die Ratschläge dieses Buches basieren auf der traditionellen buddhistischen Mahayana-Lehre und erhalten gerade dadurch ihren Wert. Das wahre eigene Verständnis des Buddhismus spiegelt sich in der täglichen Praxis und Umsetzung im normalen Leben wider.

Kontrollfragen

Was unterscheidet die kleine von der großen Erleuchtung?

Welche Inhalte hatte die Erleuchtung des Buddha?

Was ist Bodhicitta?

Was verstehen wir unter Mahayana und Hinayana?

Welche zehn Qualitäten sollte Dein Lehrer idealerweise haben?

Warum nehme ich auch Zuflucht zur Sangha, zum Dharma und zum Lehrer?

Was unterscheidet das buddhistische *Mitgefühl* vom westlichen Verständnis des Begriffs?

Was sind die buddhistischen Bedeutungen von *Entsagung*, *Mitgefühl* und *Gleichmut*?

Wodurch unterscheidet sich der Buddhismus von einer Religion?

Was ist die Kernlehre des Buddhismus bzw. das verbindende Glied zwischen den buddhistischen Traditionslinien?

Worin besteht der Unterschied zwischen buddhistischen und anderen Meditationen?

Was genau versteht man unter buddhistischer Wiedergeburt? Erkläre dabei die Beziehung von gegenwärtiger und zukünftiger/vergangener Person.

Ein Leser hat dieses Buch recht gut verstanden, wenn er *alle* Fragen einem anderen mit eigenen Worten verständlich und logisch beantworten kann.

Buchempfehlungen

Dalai Lama: Die vier edlen Wahrheiten: Die Grundlagen buddhistischer Praxis; Fischer Taschenbuch Verlag 2011.

Gampopa: Juwelenschmuck der geistigen Befreiung: Das kostbare Ornament der heiligen Belehrungen, die wie ein wunscherfüllender Edelstein den Geist zur Befreiung führen; Tashi Verlag 2005.

Namkha Päl: Sonnenstrahlen des Geistestrainings: Ein Kommentar zum 7-Punkte-Geistestraining; Theseus Verlag 1997.

Pabongka Rinpoche: Befreiung in unseren Händen: Eine kurze Überweisung über den Pfad zur Erleuchtung; Diamant Verlag 1997.

Ketsün Sangpo Rinpoche: Die Praxis des Tantra: Vorbereitung und Hinführung zur großen Vollendung; Diederichs Verlag 2010.

Khenchen Könchog Gyaltsen Rinpoche: Der fünfteilige Mahamudra-Pfad; Otter Verlag 2004.

Lesetipps

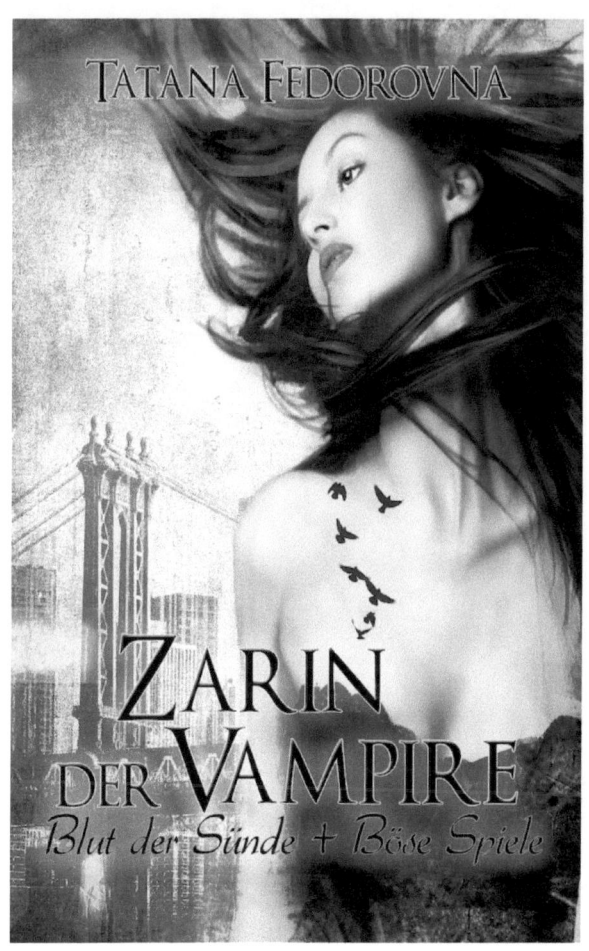

Ist es verrückt, wenn ein steinreicher junger Erbe die große Liebe sucht? Vielleicht schon, wenn es nur die Allervollkommenste sein darf!

Das illustrierte Märchen-Abenteuer fasziniert junge als auch erfahrene Leser und sollte in keinem Bücherschrank fehlen.

Leseprobe zu Hexen Kuss

Wir schrieben das Jahr 1912. Draußen wiederholte sich ein ewiger Zyklus. Der Herbst ließ die ersten Blätter zu Boden fallen, gelbe, rote und braune. Wenn die Kinder die bunten Häufchen mit den Füßen auseinander stießen, raschelten diese zärtlich über die Straße. Das erinnerte wohl jeden Menschen an die eigene Kindheit.

Auch für mich war es eine wunderschöne Jahreszeit, allerdings verbrachte ich sie lieber daheim mit Mathematik – mit einer Gleichung, um meine *große Liebe* zu finden: *Grimm Schereschewski plus X* ... Wer würde dieses X sein? Schon tagelang saß ich in meiner Arbeitsstube. Unser Domizil befand sich im Zentrum von Moskau. Zusammen mit Mama und unseren Bediensteten lebte ich in diesem prachtvollen Quartier. Das im klassizistischen Stil errichtete Palais und der dazugehörige englische Park gehörten uns allein. Wir zählten zu den zehn reichsten Familien in Russland. In etwa vier Jahren, zum Zeitpunkt der Volljährigkeit, würde ich gewaltige Reichtümer erben. Mein Vater hatte sie mir zugedacht. Er war seit drei Jahren verschollen und ich sein einziger Sohn. Mir war jedoch im Moment anderes wichtiger.

Gestern Nachmittag waren ungewöhnliche Laute aus dem Schlafzimmer meiner Mutter gedrungen und hatten den Fluss meiner Gedanken gestört. Obwohl ich meine Arbeit nicht mal zum Essen unterbrechen mochte, ließ mich die Unruhe nicht los. Was ging dort unten vor?

Also schlich ich auf leisen Sohlen durch den altehrwürdigen Treppensaal und den langen Flur zum Gemach entlang. Die dicken Teppiche dämpften die Schritte, jedoch knarrte ab und an eine der hölzernen Dielen, die darunterlagen.

Durch den Türspalt des Schlafzimmers sah ich, wie ein merkwürdiges dürres Männchen, das ein Monokel an der riesigen, roten Nase festgeklemmt hatte, mit knochigen Händen meine halbnackte Mutter untersuchte. Ihre prallen Brüste waren vollkommen nackt.

Es war offenbar der neue Arzt, von dem sie mir bereits vor einigen Tagen etwas vorgeschwärmt hatte. Angeblich war die Moskauer Gesellschaft, besser gesagt ihre geschwätzige Bekanntschaft, von dem Medikus aus der Provinz begeistert. Der Kerl mit der roten Nase wollte in besseren Kreisen Fuß fassen und ließ sich unter den Frauen weiterempfehlen. Der Mediziner sah ganz anders aus, als ich ihn mir vorgestellt hatte. Vollkommen ungeniert griff er meiner Mutter an ihr volles Mieder.

„Oh, wie straff Ihre Kugeln noch sind, wie wunderbar die helle Haut duftet!", verkündete der Dreiste und schnüffelte mit seinem überdimensionalen Zinken genüsslich an ihrem Hals. Seine flinken Hände machten sich daran, weitere Gefilde meiner geliebten Mama zu erkunden.

„Sie scherzen!", gluckste sie wie ein Täubchen bei der Balz. „Seit dem Verschwinden meines Mannes bin ich so einsam, dass ich glatt verwelke!"

„Meine Ärmste, die Blume muss unbedingt begossen werden, damit sie in jugendlicher Frische erblüht! Beugen Sie mal den Oberkörper über das Bett!", wies der Arzt sie an und schob ihren Rock erfahren hoch.

Empört wollte ich mich bemerkbar machen und diesen Vorgang unterbrechen. Waren das überhaupt medizinische Untersuchungen?

Doch der lieben Mama gefielen die gewagten Griffe und Komplimente. Sie kicherte bei jeder Berührung des dürren Nasenbären. So kokett hatte ich sie noch nie erlebt.

Um vollkommen ungestört die versteckten Orte zu untersuchen, stand der Unverschämte auf und kam zur Doppeltür. Sicher wollte er die angelehnten Holzflügel ganz schließen.

Unruhig atmend versteckte ich mich hinter einem weißen Pfeiler, der neben der Tür stand. Aber mein Davonhuschen blieb nicht unbemerkt. Sein Auge, das hinter dem Monokel riesig wirkte, funkelte den Flur ab.

„Mir war, als hätte ich jemanden gehört", murmelte er gnomenhaft.

„Keine Sorge, das war nur ein Mäuschen", beruhigte ihn seine willige Patientin. „Wir haben leider Gottes viel zu viele davon. Lassen Sie uns die Untersuchung fortsetzen!"

Meine Mama ermunterte diese Nase sogar noch. Also konnte das Ganze so falsch nicht sein.

„Ich bringe das nächste Mal etwas Arsen mit, da verrecken sie schnell!" Aus dem trockenen Mund des Arztes klang das äußerst bösartig. Rasch wechselte der widerliche Kerl von seinen Mordgedanken zu erwartungsvoller Vorfreude, schloss den Türflügel und kicherte schrill wie ein Transvestit.

Das Weitere wollte ich gar nicht hören oder anderswie mitbekommen. Mir wurde schon bei dem Gedanken an dieses Tun übel. Als fast erwachsener Sohn sieht man die eigene Mutter nicht gerne nackt. Schon die Vorstellung war gruselig. Angewidert wandte ich mich ab. Dieses unzüchtige Beisammensein der beiden erinnerte mich noch deutlicher daran, wie allein ich in der Welt war.

Es wurde höchste Zeit, sich wieder der Suche nach der Allervollkommensten zu widmen. Ein Seufzer entrang sich mir. Schmerzen der Liebe krampften mein junges Herz zusammen. Warum konnte ich mich nicht wie alle anderen jungen Männer in ein dummes Moskauer Mädchen verlieben? War es denn so schlimm, wenn dieses sich nur für Schminke, mein Geld und allerhöchstens für das Unglück einer Nachbarin interessierte?

Ich galt als ganz besonderes Wunderkind und war zudem ein mathematisches Genie. Das Schicksal oder der Zufall hatte mich mit einem fotografischen Gedächtnis gesegnet. Unter Milliarden Menschen besaß diesen Talentmix nur einer. Selbst ganze Buchseiten speicherte ich binnen Sekunden für immer in meinem Gehirn ab. Das Wissen war jederzeit abrufbar, wie aus einem Lehrbuch.

Dabei war ich kein bleicher Bücherwurm oder einer dieser bebrillten Klugscheißer. Mein fröhliches Lachen, die muskulöse Gestalt und die schalkhaften Augen wirkten wie ein

Feenzauber auf die Menschen. Die Welt liebte und bewunderte mich. Durch diese Fähigkeiten, meine vornehme Erscheinung und das Erbvermögen galt ich im Moment als die beste Partie in Moskau.

Aus Sicht meiner Mutter wurde es Zeit, eine geeignete Braut zu finden. Meine unablässige Beschäftigung mit der Mathematik hielt sie für nutzlose Zeitverschwendung oder für eine Art Krankheit. Sie ahnte nichts davon, dass ich längst verliebt war und gerade deswegen an Problemen litt. Wie konnte man sich auch in eine Unbekannte verlieben, selbst wenn sie die Allervollkommenste war? Seit ich vor einigen Wochen berechnet hatte, dass sie theoretisch existieren musste, plagte mich mein Herz. Unruhe und Sehnsucht bestimmten mein Gemüt. Wer war sie und wo konnte ich sie finden? Wir waren Seelenverwandte und füreinander geschaffen. Das stand fest.

Schon beim ersten Gedanken an *sie* hatte ich mich bis über beide Ohren verliebt. Seitdem glühten diese ununterbrochen und verrieten meine Gefühle.

Mama befürchtete, dass ein merkwürdiges Fieber mich heimgesucht hatte. Wie immer gab sie meinem Tüfteln mit den Zahlen die Schuld. Da die Menschen in meiner Umgebung mich aufgrund ihres niedrigen Intelligenzgrades für verrückt halten könnten, erzählte ich vorsichtshalber niemandem davon. So litt ich allein, unverstanden und mein junges Herz schmachtete.

Entschlossen, das *erhabene Vorhaben* fortzusetzen und mich heute von niemandem aufhalten zu lassen, holte ich neues Papier aus dem Keller und ging zurück in mein Zimmer. Gekicher drang durch die Tür des mütterlichen Schlafgemachs. Das war so abscheulich.

Kaum hatte ich in meinem Refugium die wertvolle Arbeit begonnen, klopfte es.

„Was ist?", rief ich ungehalten vom übergroßen Schreibtisch aus. Zwischen den bekritzelten Papierbergen war seine dunkle Mahagoniplatte nur noch zu erahnen.

Die Tür öffnete sich. Unser alter Hausdiener, der überlange, gekräuselte Koteletten trug, erschien in seiner blauen Uniform. Der Backenbart verlieh ihm etwas Eitles. Hingegen war das

Kleidungsstück durch die vielen Dienstjahre an Knien und Ellbogen so abgeschabt, dass man seine gelbliche Haut hindurch schimmern sah. Er weigerte sich jedoch eine neue Uniform zu tragen. Zu sehr war ihm die alte ins Herz gewachsen. In der linken Hand balancierte er ein silbernes Tablett, auf dem Gläser und Schalen im russischen Stil standen.

„Guten Tag, Grimm! Wie wäre es mit einem belegten Butterbrot, Sonnenblumenkernen mit Honig und einem Glas Tee?" Da der Hausdiener meine Wenigkeit von klein auf kannte, redete er mich als einziger vom Gesinde mit dem Vornamen an. Ich gestattete ihm dies, da er zuletzt auch so etwas wie ein Vaterersatz geworden war.

Der süßliche Geruch der Speisen wehte durch den Raum. Normalerweise verputzte ich dieses Dessert sofort, besonders am knisternden Kamin zur Winterzeit. Doch ich winkte ihm mit der Hand eine abweisende Geste zu. Der Butler sollte verschwinden.

„Nimm das Zeug wieder mit. Du darfst alles selbst essen."

Verblüfft starrte der treue Diener mich an. Sein Mund stand offen, als hätte er einen Geist gesehen. Kopfschüttelnd schloss der Bedienstete die Tür. Sein kahler Schädel verschwand zwischen den Flügeln.

Er tat mir leid, aber wie konnte der alte Tropf mein *grandioses Vorhaben* verstehen? Im Moment gab es Wichtigeres. Eine Unterbrechung meiner *Liebesrechnungen* mit Schlaf, Essen und Toilette kostete nur wertvolle Zeit. Ich vermied jede Zeitverschwendung. Selbst die Haare waren mir inzwischen lang gewachsen und die erste dünne Bartflaum kräuselte sich an den Wangen. Ich stöhnte leidvoll auf. Mich beschäftigte nur eine Frage: Wie finde ich die *große Liebe*, die Allervollkommenste im unendlichen Universum?

Ich musste errechnen, wo genau ich *meine Einzigartige* finden konnte. Theoretisch existierte sie irgendwo. Meine Gleichung fußte auf der Wahrscheinlichkeitstheorie und der algorithmischen Komplexitätstheorie. Das mathematische Fundament war bereits dicker als jenes unserer Villa. Doch immer tauchten neue Probleme auf, die eine Lösung in weite Ferne rückten. Meine Liebste entfloh mir wie ein Schneehase.

Immer wieder schlüpfte sie durch die Löcher meines Zahlennetzes.

Welche Parabel vermochte die Form ihres Gesichtes zu erfassen? Wie konnte man einen vollendeten Charakter plausibel errechnen?

Inzwischen waren alle Wände meines imposanten Zimmers mit Schmierblättern tapeziert. Ein ordnungsverliebter Bürokrat würde den Kopf schütteln und die Ansammlung für Chaos halten. Auch auf dem Boden häuften sich kniehohe Papierberge und die alten Möbel erstickten unter mathematischen Dekorationen. Tausende Hirngespinste stellte ich hier zur Schau. Nur ich erkannte zwischen den Notizen einen Zusammenhang.

Erneut klopfte es. Klopf, klopf, klopf …

Blut stieg mir zu Kopf. Genau diese Störungen waren es, die meinen Gedankenfluss und die Ketten der Logik unterbrachen. Man konnte hier wahnsinnig werden!

Abermals trat der Diener ein.

„Kein Essen bitte!", rief ich ungehalten, ehe er den Mund öffnen konnte. Trotzdem versuchte ich die Beherrschung zu behalten. Streit und Auseinandersetzungen lenkten mich von meiner Aufgabe ab. Alles musste sich dem neuesten Ziel unterordnen, wirklich alles. Selbst der Weltuntergang musste warten.

„Ein Gesandter des Zaren bittet um Einlass. Er fragt nach, ob das Lottosystem fertig ist", rechtfertigte der Diener sein nochmaliges Erscheinen. Was sollte der arme Kerl auch tun?

Dieses Lottodingens also… Zum Glück hatte ich diesen Kleinkram schon erledigt, bevor mich der Liebespfeil getroffen hatte. Meine Hand zitterte vom inneren Ringen. Im Augenblick wollte ich nicht einmal den Zaren empfangen. Aber ich zwang ein Lächeln auf meine Lippen. Hoffentlich wirkte es echt genug.

„Er soll eintreten", entgegnete ich bemüht höflich, „auch wenn ich nur wenig Zeit habe …" Den Nachtrag murrten meine Lippen so leise, dass es niemand außer mir hören konnte.

Unter einem Berg bekritzelter Blätter suchte ich nach dem Lotto-Ordner und fand ihn. Welch ein Glück war das! So hatte ich wenigstens etwas Zeit gewonnen.

Der uniformierte und mit Orden behängte Mann trat ein und warf einen Seitenblick auf die Unordnung. Er erwähnte sie jedoch nicht. Bei Wissenschaftlern sah es nun einmal anders als bei normalen Menschen aus. Man musste kein Hellseher sein, um diesen Gedanken zu erraten.

„Ich suche Grimm Schereschewski, den Mathematiker", erklärte er.

Unser Diener schmunzelte in seine Koteletten hinein. Er war an solche Verwechslungen gewohnt.

„Ich bin der, den Sie suchen", klärte ich den Besucher auf. „Nennen Sie mich einfach Grimm!"

Meine Jugend verschlug dem Gesandten die Worte.

„Das System ist fertiggestellt", füllte ich die sprachlose Lücke. „Es garantiert die Wunschgewinnquote und ist von einfachster Art, sodass selbst Dummköpfe es verstehen müssten." Ich drückte ihm dreißig Blätter voller Zahlenmyriaden in die Hand und hoffte, dass er jetzt in einer perfekten Gerade zum Ausgang marschierte.

Doch der Gesandte begann in aller Seelenruhe die Unterlagen zu prüfen. Dazu setzte er sich wie selbstverständlich in einen Sessel.

Ich unterdrückte einen Fluch. Das war Unverschämtheit hoch drei! Sein Beamtenhintern zerknitterte die darauf liegenden Papiere, was ihm jedoch völlig egal war.

Währenddessen trippelte unser Butler von einem Fuß auf den anderen. Er wusste nicht, ob er sich entfernen sollte. Da ich seine Entlassung vergessen hatte und er sich nicht nachzufragen traute, blieb er an seinem Platz stehen.

Ich zuckte mit den Schultern, überließ jeden sich selbst und huschte an meinen Arbeitsplatz zurück. Meine Suche nach der Allervollkommensten erforderte meine ganze Aufmerksamkeit, und so vergaß ich den Diener bald, ebenso den stummen Besucher.

Einige Zeit verging. Wieder öffnete sich die Tür. Mama trat zusammen mit dem dünnen Kerlchen ein, das sich gestern mit ihren Brüsten und wer weiß was noch beschäftigt hatte. Er war mir unsympathisch. Der Wicht schaute gewichtig auf die Unordnung und machte sich bedeutungsvoll Notizen in ein ledernes Büchlein. Das an der Gurkennase klemmende Monokel ließ sein dahinterliegendes Auge irrsinnig groß wirken.

„Unglaublich!", rief irgendwer.

Ich schaute von meinem neusten Zahlengerüst auf. Die Worte waren dem Gesandten des Zaren entglitten, der immer noch studierend in dem Sessel saß.

„Das konnte nur ein mathematisches Genie entwickeln!" Jetzt hielt er den Papierpacken vor sich wie ein Porträt. Fast wollte er es küssen.

„Mein Gott!", ertönte nun die Stimme meiner Mutter.

„Ja, wirklich!", sagte der Beamte. „Ihr Sohn ist ein Gott. Ich werde dem Staatsoberhaupt persönlich von ihm berichten."

Der faszinierte Redner bewertete die plötzliche Bemerkung fälschlich als Begeisterung für seine letzten Worte. Endlich stand er auf und verneigte sich höflich. „Grimm übertrifft selbst Lobatschewski und Pafnuti Tschebüschow! Als ich hörte, jemand habe Poincarés Vermutung bewiesen, habe ich mit einem steinalten Kauz gerechnet."

„Es ist es keine Vermutung mehr, sondern ein Fakt", stellte ich bescheiden klar. „Jede n-Mannigfaltigkeit mit dem Homotopietyp einer n-Sphäre ist zur n-Sphäre homöomorph."

Der Beamte sprach weiterhin in höchsten Tönen von mir. Wie verbale Goldmünzen regneten die Worte auf mich nieder. Ein wenig schmeichelte mir sein Lob doch. Außer uns beiden verstand aber niemand, wovon wir redeten – oder? Der Gnom mit der großen Nase machte sich weiter eifrig Notizen.

Hingegen hielt sich meine Mutter die Ohren zu. „Schweigen Sie bitte!", herrschte sie den Boten an.

„In diesem Haus geht es immer nur um Zahlen, Zahlen und nochmals Zahlen!"

Ohne den hohen Gast weiter zu beachten, wandte sie sich an mich: „Du hast seit drei Tagen nichts gegessen! Ich bin in großer Sorge! Du siehst ungesund und blass aus!"

Der Gesandte schwieg verblüfft. Er wusste nicht, was er dazu sagen sollte. In fremde Familienangelegenheiten wollte er sich nicht einmischen.

Mir war das natürlich äußerst peinlich. Mama behandelte mich wie ein Kind.

„Mutter, doch nicht vor dem Besuch!", klagte ich und setzte ein entschuldigendes Lächeln auf.

Das dürre Männchen hatte sich inzwischen bis zu meinem Schreibtisch vorgearbeitet und griff sich kess eine meiner Berechnungen. Er war resistent gegen meinen Charme. Das machte ihn gefährlich.

Seine widerlich lange Nase, die zudem ein dickes behaartes Muttermal neben der Spitze hatte, rümpfte sich dabei wie die eines Schweines. Dieses Organ war erstaunlich. Es zeigte seinen Gemütszustand an und besaß eine eigene Mimik. Angewidert schaute ich auf das Schnüffelspiel. Was fand meine Mutter an diesem hässlichen Kerl? Hatte der sie hypnotisiert?

Doch keiner sollte erfahren, woran ich wirklich arbeitete. Deswegen drehte ich die oberen Blätter um und versuchte ihm das Papier aus der Hand zu nehmen. Er wehrte sich, als nähme ich ihm sein Betthupferl.

„Das dürften Sie ohnehin nicht verstehen", spottete ich.

Die Riesennase ließ jedoch nicht los und betrachtete das Blatt wie ein Beweisstück. Aber für was sollte es ein Indiz sein? Immer energischer zogen wir an beiden Seiten, bis das Papier zerriss. Meine ganze Arbeit!

„Fassen Sie die Sachen nicht an!", ermahnte ich. „Es reicht, wenn Sie meine Mutter belästigen!"

Dieser verschlugen meine offenen Worte die Sprache. Ihr Antlitz schimmerte zuerst bleich, dann eroberte das Rot die Wangen. Beinahe sah es aus, als wuchsen dort zwei Tomaten. Sie warf dem Besuch einen pikierten Blick zu. Mein Wissen war ihr unangenehm.

Aber das Männchen wiegte nur nachdenklich den Kopf, beobachtete mich durch das Monokel und kritzelte wieder etwas in sein Buch. Seine Nase erschien mir dabei höhnisch gebläht.

Meine geliebte Mutter fand ihre Fassung jedoch rasch wieder und war nun nicht mehr zu bremsen. „Welcher siebzehnjährige Junge hat nur Zahlen im Kopf? Da sollten jetzt *Mädchen* drin sein! Andere haben in deinem Alter längst eine Freundin oder suchen schon nach einer Braut! Die Mathematik macht dich besessen!"

Der Doktor nickte zustimmend und kritzelte wild in sein Buch.

„Was schreiben Sie da?", erkundigte ich mich und errötete zugleich.

„Was schreibst *du* da?", konterte meine Mutter mit Blick auf das Blätterchaos. Wenn ihre Augen das Zeug verbrennen könnten, würde meine Stube lichterloh flackern.

Ich fühlte mich hilflos. Wie sollte ich Mama erklären, dass ich bereits nach der Allervollkommensten suchte? Ich wollte nicht irgendeine. Dann würde ich am Ende nur unglücklich werden. Ich brauchte *sie*, meine Allundeinzige.

„*Bist* du denn besessen?", fragte der Doktor ganz nebenbei, als sprächen wir über die Qualität von einem Tee.

„Ich bin vollkommen gesund!", rief ich aufgebracht.

Er rümpfte die Nase, lächelte verschmitzt und brachte seine Gedanken erneut zu Buche.

Indessen schlich der Gesandte in Richtung der Türflügel und überlegte, wie er sich standesgemäß verabschieden konnte. Er wollte sich dem Desaster entziehen.

Meine Mama verprügelte mich weiter mit Worten. Ab und zu trafen auch Speicheltropfen meine Stirn.

„Er ist ein Genie", versuchte der Bote mir beizustehen. „Wahrhaft ein Genie!"

„Genie und Wahnsinn sind oft vereint", belehrte die Nase ihn.

Bei diesem Satz kam mir ein Gedanke. Natürlich! Wie hatte ich das übersehen können? Die Lösung lag direkt vor mir!

Ich stürzte zu einem Papierhaufen und wühlte darin. Man musste Poincarés Vermutung *in Bezug zu chaotischen Systemen* setzen!

„Sehen Sie!", stieß Mama hervor und wies anklagend auf mich. „Er ist krank!"

Der Besuch wirkte verwirrt, hingegen nickte der Arzt besorgt und klopfte meiner Mutter beruhigend auf die Schulter. Das wirkte unangemessen intim, als wären sie bereits ein Paar.